No abrigo dos seus braços

No abrigo dos seus braços

Minha jornada da escuridão à luz com

Sri Mata Amritanandamayi

por
Gretchen Kusuma McGregor

Mata Amritanandamayi Center, San Ramon
Califórnia, Estados Unidos

No abrigo dos seus braços

Minha jornada da escuridão à luz com Sri Mata Amritanandamayi

por Gretchen Kusuma McGregor

Publicado por:
Mata Amritanandamayi Center
P.O. Box 613
San Ramon, CA 94583
Estados Unidos

——————————— *In the shelter of her arms (Portuguese)* ———————

Primeira edição em português por MA Centro: julho 2016

No Brasil: www.ammabrasil.org

Em Portugal: www.ammaportugal.org

Em Índia:
www.amritapuri.org
inform@amritapuri.org

Dedicatória

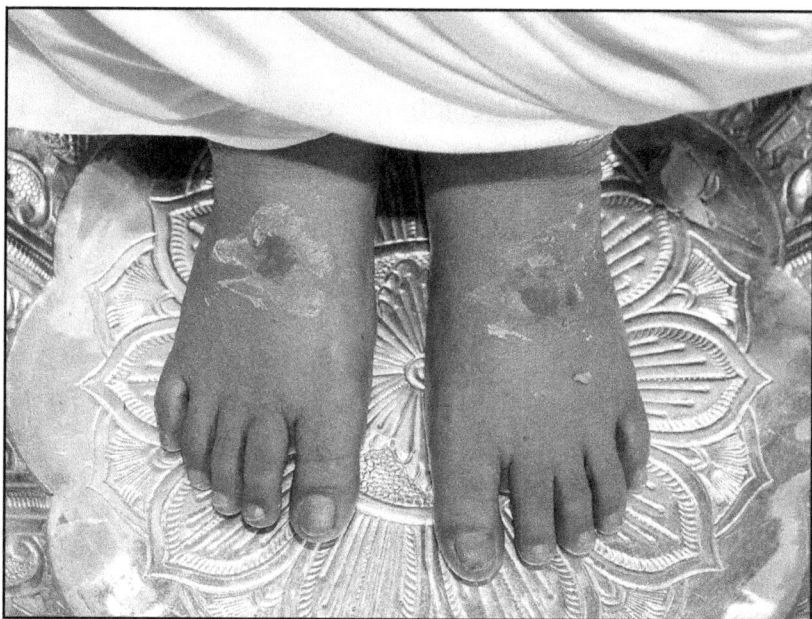

Este livro é humildemente dedicado à
Adi Para Shakti,
a ancestral e suprema Mãe Divina
Que, em verdade, encarnou sob a forma de
Sri Mata Amritanandamayi Devi,
a Mãe da doce felicidade,
e a todos os seus filhos queridos,
que vieram correndo.

Índice

Prefácio

Agosto de 1981
Copenhague, Dinamarca

Alguém consegue dizer com precisão quando teve início a jornada de sua consciência rumo ao despertar? Frequentemente, somente anos mais tarde conseguimos localizar o momento exato em que o primeiro vislumbre da Verdade capturou nossa atenção, quando alguma pessoa ou evento fez com que tomássemos consciência do mundo como ele realmente é e, daquele momento em diante, nunca mais o perceberíamos da mesma forma.

Para mim, esse momento ocorreu em uma livraria perto dos Jardins de Tivoli, na Dinamarca. O dia estava incrivelmente quente para um país do norte da Europa, e eu havia me refugiado em uma seção de livros sob a categoria de "Mitologia", dando uma olhada nos títulos em busca do que poderia ser uma boa leitura durante minha viagem de trem de retorno à Noruega, onde eu fazia um curso de verão. A Universidade de Oslo estava oferecendo um curso internacional de verão de oito semanas pela paz mundial, ministrado pelo Instituto de Pesquisas da Paz de Oslo (PRIO), no qual eu estava matriculada. Eu mal sabia que minha escapada de final de semana para a Dinamarca mudaria minha vida para sempre.

Enquanto eu folheava os livros, um deles caiu de uma prateleira atrás de mim – literalmente. Quando me curvei para pegá-lo e recolocá-lo no lugar, o título chamou minha atenção: "When God Was a Woman" (Quando Deus era mulher), escrito por Merlin Stone. Hummmmm. Criada em uma família de devotos protestantes agnósticos, um de meus maiores receios era de que alguém um dia me perguntasse o que eu pensava sobre Deus. E eu não teria uma única palavra a dizer. Eu era completamente ignorante sobre o assunto. Então, pensei, por que não? Como me considerava uma intelectual, a leitura sobre um tema que eu queria conhecer era a forma certa de adquirir conhecimento. Quanto a Deus ser mulher, isso realmente fazia o assunto virar de cabeça para baixo! Comprei o livro.

E de fato eu o li. Ou o livro me leu? No momento em que o abri, fui absorvida, incapaz de colocá-lo de lado até chegar à última página e analisar cada nota de rodapé; e então, reiniciei a leitura. Fiquei hipnotizada pelo que a autora contava da história do culto à Grande Mãe dos tempos primordiais, em todos os lugares da Terra. Desse panorama geral das religiões antigas que cultuavam a Mãe Divina, emergiu uma figura de profunda compaixão e de poder sagrado. As imagens da Mãe Divina refletiam uma verdade essencial, a Grande Mãe como Deus.

O que mais me impressionou foi que tais tradições populares da cultura antiga pudessem permanecer tão ocultas à visão moderna. Como esse fascinante aspecto da história humana pôde permanecer desconhecido para mim, uma pessoa com boa formação, viajada, que estudava ciências ambientais na Universidade da Califórnia, em Berkeley, e estava participando do prestigiado programa de verão PRIO? Será que eu era totalmente alienada ou simplesmente um produto de minha própria cultura, que parecia se aproveitar da perda da memória histórica?

O que quer que fosse, meu coração pegou fogo com a ideia de uma Grande Mãe! Se a haviam adorado em tempos passados, onde estaria agora, quando o mundo mais precisava dela? Parecia-me que a necessidade de paz e de justiça nunca havia sido maior; viver em harmonia com a natureza era urgente. Embora eu tivesse apenas 20 anos de idade, me parecia que, para a humanidade ter alguma esperança de alcançar esses nobres ideais, nada seria de maior ajuda do que o sopro da Mãe Divina direcionando nossas asas. Aquela leitura alterou toda a minha percepção do mundo. Fui informada de que a Mãe era a Fonte de Tudo e decidi procurá-la.

Comecei a orar. Eu nunca havia rezado em minha vida, mas, de imediato, me pareceu incrivelmente natural chamar pela Grande Mãe. Comecei a compor canções, na verdade pequenos cânticos, para a Mãe. Quando retornei à Universidade da Califórnia, em Berkeley, no final do verão, iniciei um círculo espiritual com alguns amigos. Nós nos reuníamos em meio às sequoias ou na costa do Pacífico e cantávamos nossas canções, girando em círculos como dervixes, e em seguida nos sentávamos em silêncio, no que posteriormente aprendi que se tratava de meditação. Tentávamos visualizar a Grande Mãe e pedíamos que nos guiasse. Às vezes eu chorava, pensando sobre o quanto a terra, os povos e os animais precisavam que a Grande Mãe se lembrasse deles e os ajudasse.

Uma canção que escrevi e ainda me recordo:

Deusa do mundo, Tua história não foi contada:
como Teu poder foi quebrado, roubado, o mistério revelado!
Somos muitas mulheres fortes, filhas da terra reunidas.

Quebraremos as correntes que nos atam,
que nos possuem, que nos controlam.
O círculo do espírito nos dá poder,
Permite que o mistério seja desvelado,
permite que o mistério seja desvelado...

A conexão que todos sentíamos com a Grande Deusa era palpável, mas não havia um ponto externo de referência que pudesse afirmar sua presença no mundo moderno. Tudo à nossa volta era baseado no materialismo, aliciando-nos para nos tornarmos bons consumidores, engrenagens em uma roda, soldados em guerra. Com a eleição de Ronald Reagan, foi instaurado novamente o recrutamento obrigatório para o serviço militar. Ocorreu a fusão do reator da usina nuclear de Three Mile Island. Nós nos formamos e seguimos nossos caminhos separados. Fomos em busca do sonho americano, o que quer que isso fosse.

GAROTA DA GRANJA
Norte da Califórnia
Junho de 1982

Minha parada seguinte foi para um estágio de seis meses em uma granja de produtos orgânicos na vila de Covelo, no norte da Califórnia. Minha ideia era sair do ambiente urbano, que me parecia tóxico e dispersivo, e aprender sobre a vida prática em um ambiente rural. A sintonia com a Grande Mãe ocorreria com muito mais facilidade se eu estivesse vivendo em maior harmonia com a Mãe Natureza. Até aquele momento em minha vida, exceto pelas viagens de fim de semana com meu avô às montanhas Laurel, na Pensilvânia ocidental, onde eu crescera, eu era uma garota totalmente urbana; mas estava convencida de que era o momento de quebrar uma das correntes mais óbvias que me prendiam – minha completa ignorância sobre como a maioria das pessoas vivia e trabalhava. Desenvolver minha intuição e ser guiada por minhas preces para os braços da Mãe Divina tornou-se meu sonho. Meu plano era fazer algo para que o mundo fosse um lugar melhor.

Uma das minhas várias obrigações como estagiária na granja era trazer as duas vacas leiteiras das pastagens próximas nas primeiras horas da manhã e ordenhá-las – com as mãos. Lembro-me de ficar sentada no banquinho de ordenha com intensa dor nos antebraços por causa da dificuldade de ordenhar mais de quinze litros de leite e meus pensamentos se alternando entre "Por favor, Daisy, não derrube o balde" e "de alguma forma isso deve estar conectado com a Grande Mãe!". Eu me sentava no meio daquela paisagem e me concentrava intensamente na Mãe Divina... "Onde estás? Onde estás?" repetidamente. Eu tinha a ideia da Grande Mãe gravada na mente.

Estava chegando o final do meu estágio de seis meses como leiteira, e eu não tinha nenhuma ideia do que fazer a seguir. Minha família da costa leste, entretanto, tinha: que eu arrumasse um trabalho. Meu tempo para encontrar a Grande Mãe havia se esgotado e agora eu teria que me curvar ao jugo do mundo, com sua jornada de trabalho de nove às cinco. Mas, pelo menos, eu podia escolher onde queria viver. A melhor maneira de descobrir um lugar parecia óbvia: "buscar uma visão". Assim, fui de bicicleta até a colina mais alta do Vale de Covelo, um lugar onde a tribo indígena Pomo havia vivido no passado remoto, para buscar uma comunhão com a Mãe Terra.

Ali estava, o dia de Ação de Graças de 1982. Em busca de minha visão, estava deixando tudo nas mãos da Grande Mãe, certo? Bem, sentei-me naquela colina solitária durante horas; rezei, chorei um pouco, as horas passaram. Havia garoado a maior parte do dia, mas agora chovia a cântaros. Eu estava com muita fome e, na granja, um banquete de Ação de Graças me esperava; mas eu ainda não havia tido minha visão. Eu me perguntava quanto tempo ela levaria para chegar. Agora que eu estava morta de fome e frio, não seria esse um bom empurrãozinho para a Mãe vir me salvar? A noite caía, estava escurecendo. Tentando esclarecer as ideias uma última vez, tentei deixar minha mente pousar levemente sobre minha necessidade de saber: "Onde? Onde? Onde?"

Então me veio a ideia, totalmente do nada, clara como um sino: "Montanhas do Novo México... há uma mulher sábia lá". Obrigada, obrigada, Grande Mãe! Essa informação era suficiente para eu saber qual seria meu próximo passo. Voltei de bicicleta em disparada para a granja, na última luz do dia.

- Você vai para o México? Mas você nem fala espanhol! - foi a reação da minha família ao ouvir a notícia.

- *Novo* México - repeti, imaginando que assim eles se sentiriam mais tranquilos, e acrescentei:

- Não, eu não tenho uma oferta de emprego. Ainda.

Nada reconfortante para eles. Mas eles sabiam que o melhor era não ficar no caminho da obstinada filha primogênita deles. Cheguei a Taos, Novo México, no Ano Novo.

GAROTA DA MONTANHA

Janeiro de 1983
Taos, Novo México

Eu estava no auge dos meus vinte e dois anos e podia sentir a magia. Estava abrindo minha vida para a Grande Mãe. As montanhas, os cânions e o Rio Grande se converteram em minha fonte de inspiração. Era fácil sentir a presença da Mãe Divina ali; ela estava simplesmente em todos os lugares. Os arco-íris no final da tarde, o ar com cheiro de sálvia, onde os cactos do deserto floresciam momentos após a chuva preciosa, o penetrante uivo dos coiotes à meia-noite. Como cenário, as montanhas Sangre de Cristo, sagradas para a tribo Taos Pueblo, se elevavam a quase quatro mil metros.

Em uma semana encontrei um emprego como cozinheira de refeições rápidas de café da manhã no restaurante Apple Tree. Não era exatamente o que minha família tinha em mente, mas de qualquer forma era um trabalho. A primeira dos cinco filhos de meus pais estava se mantendo sozinha, e eles não iam criar caso. Quanto a mim, apesar de um tanto qualificada demais para o serviço, sentia-me absolutamente convicta do que fazia. Eu havia sido guiada até ali e não tinha escolha a não ser esperar pacientemente.

Durante todo o inverno, minha fiel bicicleta me levava ao trabalho por três quilômetros nas horas que precediam o amanhecer. Um ar congelado assaltava meus pulmões a uma altitude de mais de dois mil metros, os pneus da bicicleta estalavam sobre a estrada gelada, e os cachorros da vizinhança iam mordiscando meus calcanhares para terem certeza de que não haveria invasão do terreno deles. À tarde eu esquiava temerariamente pelas pistas de diamante negro duplo do Taos Ski Valley. E as orações continuavam a jorrar de meu coração. Um cântico repetido com frequência era:

> *Todos viemos da Mãe,*
> *e a Ela retornaremos*
> *como gotas de chuva,*
> *que fluem para o oceano...*

GAROTA DO RIO

Verão de 1983
Pilar, Novo México

Naquele verão, assumi o posto de cozinheira em um café em Pilar, um vilarejo de 200 habitantes situado ao sul de Taos, hoje conhecido afetuosamente como Café do Iate Clube de Pilar, por sua proximidade com a comunidade de *rafting* do Rio Grande. Minha ideia era que morar perto do rio me ajudaria a sintonizar com a Grande Mãe. O resultado foi que conheci uma família nas imediações que me ofereceu hospedagem gratuita em um minúsculo trailer estacionado bem à beira do rio. A dona da casa se chamava Meadow. Tinha duas filhas, Ajna e Riversong. Meadow e suas filhas ficaram sabendo de meu profundo fascínio pela Grande Mãe e tinham inclinações semelhantes. Na época, eu ainda não sabia que grande presente Meadow viria a ser para mim!

A natação substituiu o esqui como passatempo diário de verão. Eu mergulhava nas águas geladas das corredeiras Del Norte nas primeiras horas da manhã, apenas para sentir como me deixavam sem ar. Sentir a comunhão com a Grande Mãe nesse momento não demandava quase nenhum esforço; era encantador entrar em um estado de sonho, sentada de pernas cruzadas sobre a pradaria verde esmeralda perto do rio. Sentada ali à beira do rio, não conseguia deixar de pensar em quando encontraria "a mulher sábia" que me havia conduzido até ali e no que aconteceria depois que nos conhecêssemos. Será que muitos anos se passariam até que essa parte do meu destino se revelasse? A minha capacidade de sentir a Grande Mãe me guiando seria mantida? Será que algum dia eu a encontraria neste mundo?

Sentada à beira do rio enquanto o Sol se punha, eu entoava um famoso cântico da Deusa e às vezes vertia lágrimas:

...Isis, Astarte, Diana, Hécate, Demeter, Kali, Inana...

Esses eram os vários nomes das deusas da antiguidade sobre as quais eu havia lido. Decidi permanecer confiante de que ela poderia ouvir meu chamado.

BINGO!

Agosto de 1983
O Café de Pilar

– Acabei de conhecer um homem que encontrou a Mãe Divina na Índia. E ele tem fotos! - exclamou Meadow certa tarde - Ele acaba de mudar para o vilarejo. Você tem que conhecê-lo.

Enquanto viver, nunca esquecerei aquele momento. Eu estava de pé atrás do balcão do café, usando um avental cheio de manchas de molho de *chili* vermelho sobre meu maiô favorito e uma saia azul de jeans até o joelho. Minhas sandálias de borracha ainda estavam molhadas do banho na hora do almoço.

Somente anos mais tarde foi que eu me dei conta de que esse anúncio representou o momento seguinte crucial em minha vida. Foi um daqueles momentos de "clique", quando você sabe que algo grande acabou de acontecer ou está para acontecer. Era a sensação agradável de uma chave se encaixando na fechadura e a porta se abrindo. A afinação perfeita de uma nota na corda de um violão. O lançamento de uma flecha que alcança seu alvo.

Pilar era um vilarejo pequeno, e em poucos dias o recém-chegado passou no café para comer algo. Eu praticamente pulei sobre o balcão para anotar seu pedido. Tentando parecer indiferente quando retornei com sua refeição, perguntei:

– Então você é aquele que conheceu a Mãe Divina?

Com um olhar de soslaio e uma profunda voz de barítono, veio sua resposta comedida:

– Sim, sou eu.

Eu mal podia conter minha euforia. Contudo, devo tê-la deixado transparecer, pois ele acrescentou:

– Se estiver interessada, vou mostrar uns slides nesse sábado.

Eu me apresentei e perguntei o nome dele.

– Greg McFarland – respondeu.

KANI DARSHAN: PRIMEIRO DARSHAN

O sábado parecia não chegar nunca. Finalmente chegou a noite de apresentação dos slides. Fui de bicicleta até a casinha de barro com vista para o rio. O céu estava memorável naquela noite, mostrando toda a gama de cores do pôr do sol de verão que tornaram as pinceladas de Georgia O'Keefe mundialmente famosas. Surpreendentemente, ninguém compareceu à apresentação. Eu era o único público. Quando vi o primeiro slide de Ammachi, como Greg a chamava, sentei-me em silêncio, atônita. A luz dos olhos dela desfez uma névoa na qual eu inconscientemente havia estado imersa a vida inteira.

A imediatez da presença de Ammachi era inegável. Quero dizer, ali estava ela, bem ali na sala conosco. Soube então que tinha que ir conhecê-la. Em silêncio, pasmada, assisti ao resto da

15

mostra de slides e mal me lembro das palavras de Greg. Quando o projetor desligou, gritei num impulso:

- Vou para lá!

- Mas você não pode simplesmente ir - Greg respondeu - Não há nada lá, apenas a casa da família da Amma e algumas cabanas. Não é possível simplesmente chegar, primeiro você precisa escrever para a Amma.

QUERIDA AMMA

E assim eu fiz. No dia seguinte, escrevi em um aerograma azul:

> *Querida Amma,*
> *Gostaria de ir conhecê-la. Creio que a Senhora tem as respostas a todas as minhas perguntas. Por favor, posso ir visitá-la?*
> *Gretchen*

Meu pedido de passaporte saiu no mesmo dia. Havia uma nítida mudança em minha vida, e eu não conseguia tirar da lembrança os olhos da Amma, que brilhavam como estrelas. Muitas vezes ao dia eu pensava: "Oh, estou em uma jornada para conhecer a Mãe Divina!"

Então surgiu uma oportunidade de fazer uma viagem gratuita de balsa pelo Rio Colorado. Sendo cozinheira, eu era um recurso valioso em uma aventura de quinhentos quilômetros, por três semanas, pelo Grand Canyon. Então, pensei, por que não? Levará no mínimo um mês para minha carta chegar à Índia e para Amma enviar uma resposta. É uma oportunidade para me embrenhar na natureza enquanto aguardo.

RIO ABAIXO

O Rio Colorado não é brincadeira. Ele flui a dezessete mil metros cúbicos por segundo. A terra tremia com o poder turbulento do volume dessas águas batendo contra a beira do rio, onde atracamos a balsa em Lee's Ferry, Arizona. A New Wave Rafting Company, de Santa Fé, havia organizado essa viagem para seus funcionários. Greg McFarland dirigia a balsa na qual eu viajava. Durante três semanas inteiras eu pude escutar histórias sobre a viagem que ele fizera no ano anterior para conhecer a Amma! Um dia ele me disse que a Amma havia lhe dado um mantra que ele poderia compartilhar com qualquer pessoa que encontrasse e que lhe parecesse ser um dos filhos da Amma. Eu não sabia nada sobre mantras, mas quanto mais Greg explicava sobre eles, melhor me soavam. Então, ele escreveu o mantra em um pedaço de papel e explicou como usá-lo. Inventei um modo de contar minhas repetições com os dedos, de forma a completar conjuntos de cento e oito.

O efeito das recitações a cada manhã e em vários momentos ao longo do dia era diferente de qualquer coisa que eu havia experimentado antes. Havia uma mudança sutil em minha mente, que me fazia sentir extremamente serena. Tornei-me muito receptiva à natureza que nos rodeava. A vibração do mantra me percorria com a sucessão de rodadas de *japa* (repetição do mantra). Eu estava tão feliz sentada naquela pequena balsa, recitando essa coisa nova chamada mantra e desfrutando da grandeza do Grand Canyon enquanto navegávamos. Meus pensamentos logo ficaram repletos com constantes devaneios sobre meu encontro com a Amma.

Ao retornar a Santa Fé, em meados de outubro, uma das primeiras coisas que fiz foi ir até o correio. Nunca havia muitas coisas lá. Ao olhar pela janelinha de vidro de minha caixa postal, senti um estremecimento quando avistei um aerograma azul descansando diagonalmente contra um pequeno pacote – meu passaporte!

Meu coração deu um pulo quando notei o endereço do remetente e cuidadosamente abri a carta. Em um alfabeto que eu nunca havia visto antes, letras inocentes de menina pequena serpenteavam pelo papel. Deve ser a letra da Amma! Abaixo, havia uma tradução do que estava escrito:

Querida filha,

Quando você chegará? Você é sempre bem-vinda aqui. Amma está esperando para vê-la. Venha rápido, querida filha.

Beijo, Beijo

Fiquei tão eufórica! Eu ia encontrar a Amma!

Naquela noite ao telefone com minha família na Pensilvânia, a conversa foi mais ou menos assim:

– Vou para a Índia, mamãe.

– Você vai para Indiana?

– Não, mamãe, para Índia. – respondi.

– Fazer o quê?

– Encontrar a Amma, uma santa indiana...

– Mas, por que isso?

– Porque sinto que devo conhecê-la. Não se preocupe, eu tenho dinheiro para a passagem. Não haverá gastos nem para você nem para o papai.

O que eles poderiam dizer? Francamente, penso que ficaram felizes por ter um dos filhos fora do ninho, como se diz. Eles me conheciam bem o suficiente para saber que, quando eu colocava algo na cabeça, não adiantava tentar me dissuadir.

CAPÍTULO 1

Uma pedinte na casa de Deus

Partimos no início de novembro, no ano de 1983. Greg McFarland queria rever a Amma e levar sua filha, Flora, de quinze anos, para receber sua bênção. Aterrissamos em Chennai e, no dia seguinte, embarcamos à noite no trem para Kollan. Uma viagem de riquixá, cheia de solavancos, nos levou ao cais dos barcos de Vallikkavu, e lá estávamos. Olhando para o outro lado do rio, de um verde denso e impenetrável, finalmente caí em mim. Amma estava bem ali, do outro lado do rio. Uma onda de ansiedade me inundou, mesclada de nervosismo.

Eu havia passado os dois últimos anos chamando pela Deusa ancestral que eu acreditava que tinha que estar em algum lugar do mundo. Minha firme convicção era de que o que existiu antes deve existir hoje. Estaria ela agora apenas à distância de uma viagem de barco? Por que não? Desde Copenhague, eu havia sido guiada a cada passo do caminho, à medida que eu ia abrindo meu coração, cada vez mais, por meio de canções e orações. Estaria pronta para entrar no barco e atravessar o rio? O que me aguardaria do outro lado? Eu estava realmente nervosa!

À medida que o barqueiro se deslocava pelas águas do rio com seu longo bastão, meu mantra facilmente encontrou lugar em meus lábios. Minha respiração se acelerou enquanto saíamos do barco, arrastando nossas malas por um caminho pequeno e estreito.

Olhando para o chão, algo esculpido em um pedaço de pedra preta e grossa incrustada no barro chamou minha atenção. Detendo-me para olhá-lo, senti um arrepio descendo pela coluna. Um círculo perfeito, de uns treze centímetros de diâmetro, com um ponto central destacado, um símbolo que eu sem dúvida conhecia de muitos, muitos sonhos. Seria apenas uma coincidência, esse símbolo antigo da Deusa Mãe? Um fluxo de adrenalina me atravessou, fortalecendo minha confiança de que eu estava no caminho certo, prestes a conhecer "a mulher sábia" que eu buscava.

Prosseguimos por mais alguns momentos, até que os coqueiros rarearam e abriu-se uma vastidão de areia, onde um pequeno grupo de pessoas estava sentado tranquilamente. Sem dúvida, lá estava a Amma! Ela resplandecia, mesmo a essa distância. À medida que nos aproximamos, todos ficaram de pé e a Amma se adiantou. Ela abraçou Greg e depois Flora. Virando-se para mim, o sorriso da Amma era de mil watts. Seus olhos eram estrelas penetrantes. Eu estava nos braços da Amma, e meu coração explodiu como uma represa. A sensação era de uma alegria vertiginosa, como se uma felicidade intensa, maior do que se poderia imaginar, estivesse fluindo dos pés até o topo da cabeça. Eu podia sentir as lágrimas quentes que meus olhos derramavam, e a Amma se sentou, abraçando-me para que eu apoiasse minha cabeça em seu colo.

Tive a primeira visão interna da minha vida; uma hélice dupla, como uma cadeia de DNA, iridescente e luminosa, inundada por uma cor suave. Sentia que a Amma era uma ponta da cadeia, e eu, a outra. Estávamos interligadas, em um passado tão remoto quanto se podia ver e também em um futuro infinito. O ponto de coincidência era esse mesmo momento em que voltávamos a nos encontrar. Esse ponto estava emitindo uma forte pulsação de luz. Naquele instante, sabia que tinha encontrado a Mãe Divina nessa vida. Sabia que tudo que havia acontecido em minha vida até então havia sido apenas para me trazer de volta para ela. Sabia que a havia conhecido sempre, que iria conhecê-la novamente agora e que sempre a conheceria no futuro. Quanto tempo se passou, eu não saberia dizer, mas, quando nos levantamos, a saia da Amma estava molhada pelas minhas lágrimas.

Quando fiquei de pé, tive a sensação de flutuar acima do chão. A expressão "nas nuvens" veio à minha mente. Como se alguém tivesse tirado de minhas costas uma mochila de vinte quilos que eu não sabia que estava carregando. Posteriormente aprendi que, quando conhecemos nosso guru, ocorre uma transferência de nossa carga cármica. O guru alivia nosso peso. A sensação da ocorrência desse alívio foi instantânea. Uma jovem ocidental trouxe uma saia limpa para Amma e me deu um sorriso de boas-vindas.

A Amma queria nos levar para dar uma volta, então fomos com ela. Sua risada era forte, natural e inebriante. A primeira parada foi em um pequeno templo, o *Kalari*, bem atrás do local em que ela havia estado sentada. As portas do templo estavam fechadas, e nos sentamos na varanda da frente. Amma perguntou meu nome.

- Gretchen - eu disse.

- Como? - perguntou a pessoa que traduzia.

- Gretchen

Silêncio. Pusemo-nos a cantar. Amma queria que eu cantasse algo. Eu cantava muito mal. Talvez estivesse enrubescida porque sugeriram "Rain, Rain, Go Away". Então cantei essa canção e me orientaram para que procurasse sustentar as notas. Tentei sustentá-las, sem muito sucesso, e prosseguimos com o passeio.

À esquerda do *Kalari* havia uma casinha simples de sapê com três portas. Fomos para lá. Amma abriu a primeira porta energicamente, e disse:

- Meu filho, meditando o dia todo.

Um ocidental sentado em postura de lótus com as costas voltadas para a porta permanecia imóvel e absorto em contemplação. A porta seguinte foi aberta com um forte empurrão da Amma, que disse:

21

- Meu filho não está se sentindo bem, descansando agora.

E fez-lhe um carinho reconfortante. Outro ocidental, sua face brilhava em paz, mas sua aparência era pálida e magra. Ele sentou-se dolorosamente para oferecer seu *pranam* à Amma. Ele sorriu para nós, dizendo que poderíamos nos encontrar mais tarde.

A última porta foi aberta e dentro havia uma cama simples com algumas esteiras de palha no chão. Amma sentou-se na cama e pediu-me que me sentasse ao seu lado. Pegou minhas mãos e as virou com as palmas para cima. Observou uma e depois a outra. Não parecia satisfeita, então perguntou:

- Qual para as mulheres?

Como ninguém emitiu uma opinião, a Amma pegou minha mão esquerda. Eu sabia que não havia linha de vida em minha mão, ou pelo menos não uma linha muito forte. Talvez fosse isso que a Amma estava observando? O que notei a seguir foi que Amma, com sua unha, estava pressionando bem forte o local onde minha linha da vida desaparecia. Ela manteve a unha do polegar ali por um longo tempo e, em seguida, soltou minha mão. À medida que as semanas se passaram, notei uma linha fraca, nova, se formando onde a Amma havia pressionado. Uma linha curta diagonal se unia à outra linha próxima, tornando minha linha da vida consideravelmente mais longa. Aquela união da linha diagonal ainda é visível na palma da minha mão esquerda até hoje.

Em seguida, teve início a aula de música. Primeiro, a Amma queria que eu tentasse *"Hamsa Vahana Devi"*, mas o verso ...*akhila loka kala devi amba saraswati*... era claramente complicado demais para mim. Amma de imediato trocou para *"Devi, Devi, Devi, Jagan Mohini"*. Com essa letra, eu consegui me virar. Novamente fui incentivada a sustentar as notas e a não deixar que minha voz oscilasse tanto. Foi muito divertido para todos! Embora me sentisse um pouco intimidada, a emoção que predominava era de calorosas boas-vindas e de aceitação imediata. Eram pessoas amáveis, tranquilas e relaxadas.

Era hora do almoço. Amma nos levou para a casa de sua família, anexa ao *Kalari*. Outras pessoas tinham vindo para o almoço, mas com facilidade houve espaço para todos na sala principal. Pratos e copos foram distribuídos, esteiras de palha foram espalhadas, e a Amma passava entre nós servindo arroz e *dahl* no prato de cada um. Uma pequena quantidade de verduras foi servida com cuidado. Um chá quente de ervas rosado foi derramado em nossas xícaras, e alguém disse algo como: "*karangali vellum*", achando que isso poderia significar algo para mim.

Depois, começaram um lindo cântico que durou alguns minutos. O toque final consistia em colocarmos um pouco de água na palma da mão direita, enquanto cantávamos um verso curto, para então espirrarmos a água no sentido horário em torno do prato de comida. Esse toque final fez com que eu me sentisse em paz. A refeição era muito simples e estava deliciosa, mas eu nunca havia comido tanto arroz com tão pouco molho. Eu não quis pedir mais molho, pois o pote parecia pequeno e já estava quase vazio.

Amma sentou-se conosco, mas não comeu. Ela falava de modo muito animado. A certa altura, ela se aproximou e puxou minha orelha direita, por alguma razão, o que provocou muitas risadas. Eu não conseguia acreditar em como me sentia confortável neste círculo de estranhos que riam às minhas custas. De fato, eu também ria, pois o sentimento de alegria era contagiante. Felizmente, alguém pensou em traduzir:

- Amma diz que seu rosto lhe é familiar. A marca em sua orelha é de onde ela puxou pela última vez, por causa de alguma travessura que você fez.

Hummmm. O que poderia significar "a última vez"? E é verdade, tenho uma marca de nascença em minha orelha direita.

Sem nenhuma razão aparente, uma lembrança esquecida voltou-me à memória. Em minha infância, no desjejum, eu sempre pedia arroz com um pouco de manteiga por cima. Meus irmãos e irmãs comiam *Lucky Charms* e *Fruit Loops*, mas minha pobre mãe tinha que cozinhar arroz para o meu café da manhã. As coisas começavam a se encaixar. A refeição terminou, e a Amma saiu.

MEU PRIMEIRO ARCHANA

Dormi por quase 14 horas antes de ser acordada por um sino. Meu relógio de viagem marcava 4 horas da manhã. Um horário colado na parede do quarto dizia: 4h30 da manhã – *Archana*. Qualquer que fosse o significado disso, eu queria estar lá. Depois de me lavar com um pouco de água fresca do balde, saí para a fria e escura madrugada.

O salão de meditação ficava no térreo, sob o quarto da Amma. Ele mede uns cinco por seis metros. Pela janela, eu pude divisar cerca de doze pessoas sentadas, em silêncio. Parecia haver justo o espaço necessário sobrando para eu me sentar perto da porta, sem perturbar ninguém. Então, entrei na ponta dos pés e comecei a me ajeitar no lugar, quando notei que todos estavam se movendo para dar lugar para mim. Como esses monges eram educados, todos eles! Em menos de um minuto, toda a parede à direita da entrada estava completamente vazia. Eles haviam se ajeitado bem apertados no extremo oposto da sala. Agora eu tinha mais de um quarto de toda a sala só para mim! Como eu era a única mulher presente, pareciam estar deixando o espaço vago para as outras duas moças que viviam no *ashram*. Mal eu sabia que havia invadido o espaço deles!

Alheia a tudo isso, eu me acomodei, dobrei uma perna em posição de meio lótus e tentei ajeitar o vestido simples que eu vestia para me sentar de forma correta. Ninguém estava olhando na minha direção, com certeza, e assim ficou fácil relaxar e me concentrar.

A recitação começou e era em sânscrito, o que era totalmente novo para mim, tão novo quanto a meditação formal. Mas eu estava ansiosa por aprender tudo, portanto sentei-me com os olhos fechados e segui a vibração das entonações rítmicas. Minha mente estava ficando alentadoramente calma quando notei um claro aumento de intensidade e de foco no *archana*. Uma voz profunda, rica em sons harmônicos, havia acabado de se unir à nossa, abri os olhos e dei uma espiadinha. Era a Amma! Que maravilhoso ela fazer o *archana* também! E veja, sem nenhum livro, como os demais usavam. Ela sabia de cor! Ninguém havia me dito que eu podia contar com a presença da Amma, portanto foi emocionante vê-la usando um vestido branco sedoso, longo até os pés, amarrado na altura do pescoço, com o cabelo penteado em coque no alto da cabeça. Ela brilhava de energia, sentada no chão ao lado do resto do grupo em um tapete simples. Tanta energia inundou a sala subitamente. Para não interromper o fluxo daquilo tudo, fechei os olhos e me concentrei na vibração do som. Sem nenhuma razão aparente, lágrimas brotaram de meus olhos, e meu coração se encheu de uma sensação cálida e amorosa. Talvez minha alma tenha reconhecido os "Mil Nomes da Divina Mãe", como se encontrasse uma amiga depois de uma longa separação.

NOMES PARA O CAFÉ DA MANHÃ

Após o *archana*, todos se dispersaram pelo coqueiral para um longo período de meditação. Encontrei um lugar tranquilo e tentei meditar também. Como nunca havia sido instruída sobre como meditar, imaginei que seria difícil, mas a benção da Amma devia estar presente, porque minha mente afundou como uma pedra em profunda quietude. Um silêncio absoluto envolveu minha mente e minha consciência ficou aguçada. Não sei por quanto tempo fiquei sentada, mas alguém tocou um sino e meus sentidos retornaram. Fiquei de pé, sacudi a areia da minha roupa e voltei para a casa da família. Havia uma panela fumegante com mingau de arroz sendo servido em pratos de aço. Havia sal em uma pequena tigela. Era um café da manhã similar aos da minha infância.

Depois de me lavar, uma moradora ocidental se aproximou de mim. Ela foi muito agradável e cordial, pedindo a Flora e a mim que levássemos a bandeja com o desjejum da Amma para o andar de cima. Então lá fomos nós. A porta estava aberta e a Amma estava sentada no chão com o cabelo solto e um aspecto inacreditavelmente radiante. Ela estava simplesmente transbordando de esplendor! Ela nos olhou, e se voltou para duas pessoas que estavam sentadas com ela e exclamou:

– Kusuma e Kushula!

Todos acenaram com a cabeça, expressando reconhecimento, e um monge traduziu:

– Amma diz que você é Kusuma – apontando para mim – e você é Kushula – apontando para a Flora.

Em seguida ele explicou que estes dois nomes aparecem em sequência no *archana*.

– Estes são seus novos nomes! – ele disse.

Todos pareciam muito felizes, e a Amma fez sinal para nos juntarmos a eles. Notei que o desjejum da Amma não parecia muito diferente do nosso. Apenas uma tigela adicional de mandioca cozida e um pequeno prato com um *chutney* vermelho brilhante. Amma começou a distribuir a mandioca a todos e, depois seguiu discutindo algum assunto que havíamos interrompido quando entramos. O ambiente era descontraído e animado.

Mais tarde naquela manhã, pediram que eu me registrasse no "escritório", o que significava sentar-me em uma pequena sala na casa da família da Amma para assinar um grande livro contábil e mostrar meu passaporte e visto. O monge que hoje é conhecido como *Swami* Purnamritananda estava me ajudando e me perguntou:

– Quanto tempo você ficará aqui?

Dei minha resposta sem pensar:

– Para sempre!

Ele me olhou com uma expressão desconcertada e depois anuiu com cumplicidade.

– Mas, por enquanto, somente até o final do meu visto para turista de seis meses.

Ele fez uma anotação e me devolveu o passaporte com um sorriso.

Outra saleta perto do escritório servia de biblioteca e tinha uma coleção excepcional e rara de livros maravilhosos, muitos deles doados por Nealu, o monge americano atualmente conhecido como *Swami* Paramatmananda, o homem magro que havíamos encontrado na cabana no dia anterior. O monge que se ocupava da biblioteca ajudou-me a encontrar uma tradução para o inglês do "*Sri Lalita Sahasranama*: Os mil nomes da Mãe Divina". Pedi-lhe que me indicasse os nomes "Kusuma" e "Kushula". Ele me disse que eram os números 435 e 436: *champeya kusuma priya e kushula*, "a querida flor champaka" e "a inteligente", respectivamente. Pedi o livro emprestado e comecei a copiar os mil nomes da Mãe Divina em um livrinho que eu mesma havia feito dobrando e costurando alguns papéis pautados. Meu coração palpitava de euforia. Este era um sonho tornado realidade! Havia também as traduções para o inglês, e a tarefa me absorveu por horas. Logo tive meu próprio livreto em inglês, feito a mão por mim mesma para a oração matinal, que me serviu como livro de *archana* durante os primeiros anos.

Naquela mesma tarde, Amma enviou dois dos residentes ocidentais para me acompanharem até o vilarejo de Kayamkulam para comprar sáris e outros suprimentos básicos. Quando a

Amma viu que eu havia trazido apenas uma maleta dos EUA, me perguntou o motivo. Respondi que desejava usar sári, portanto não havia necessidade de trazer uma mala grande cheia de coisas. Meu plano era obter tudo aqui. Ela moveu a cabeça de um lado para o outro, na forma indiana de indicar aprovação. Além de se ocupar com a compra do que me faltava, Amma também pediu a sua assistente para me ajudar a colocar o sári da maneira apropriada. Senti que cada detalhe era importante para ela.

Aquela noite seria minha primeira sessão de *bhajans*, que eu esperava com grande ansiedade. Naquela época não havia livros publicados com as letras das canções, muito menos em inglês, e nenhuma gravação formal. Mas eu havia ouvido um dos *bhajans* da Amma em uma fita cassete ruidosa que Greg havia tocado durante a apresentação de slides alguns meses antes. A voz da Amma e a melodia daquela canção eram cativantes, embora as palavras tivessem sido difíceis de distinguir. Soavam como: "Amme Bhagavad Gita nitya..." Mal podia esperar para ouvir a Amma cantar em pessoa. Então, vestida em meu novo sári xadrez e com meu tapetinho tecido a mão, ocupei um lugar na varanda aberta, na frente do *Kalari*, onde todos os residentes do *ashram* podiam se acomodar confortavelmente.

O aroma de incenso era espalhado por uma leve brisa do mar e uma lamparina a óleo gerava uma luz dourada. As cores do pôr-do-sol alaranjavam o céu, onde algumas águias podiam ser divisadas planando com o vento. Amma se juntou a nós por um momento. Sentou-se de frente para o leste, bem à esquerda das portas abertas do templo. A pessoa que tocava o harmônio estava de frente para ela, e as tablas estavam logo ao lado, também de frente para a Amma. Para minha surpresa, achei mais confortável permanecer com os olhos fechados. Não era preciso esforço para me concentrar nos cânticos; a Amma cantava de forma muito potente e natural. Ela levantava os braços e os movia com graça pelo ar como os pássaros que voavam acima de nós. O rosto dela se voltava para o céu e seu corpo balançava ao ritmo da melodia. Amma clamava de modo tão fervoroso através de sua canção que pensei: "Ninguém no mundo todo pode estar clamando aos céus dessa forma! Nem mesmo Aretha Franklin!"

Quando a primeira canção terminou, a Amma inclinou-se para frente e disse algo em voz baixa para a pessoa que tocava o harmônio. Para minha surpresa e prazer, essa pessoa tocou as primeiras notas da canção que eu havia ouvido no Novo México:

amme bhagavati nitya kanye devi,
enne kataksippan kumbitunnen

Ó Mãe Auspiciosa, eterna virgem *Devi*,
Pelo Teu olhar de graça eu me prostro.

maye jagatinte taye chidananda
priye mahesvari kumbitunnen

Ó *Maya*, Ó Mãe do Mundo,
Ó Consciência Pura! Pura Bem-Aventurança!
Ó Grande Deusa amada, diante de Ti eu me prostro.

Fui totalmente arrebatada, embargada de emoção ao ouvir a Amma cantar essa canção, a mesma que me havia feito viajar meio mundo para encontrar a Deusa com olhos cintilantes e estrelados. Como ela pôde escolher essa canção? Teria sido apenas uma coincidência? Do nada, um único pensamento entrou e ficou cravado em minha mente: não precisava mais buscar. Minha determinação em encontrar a Mãe Primordial neste mundo havia produzido frutos além de meus sonhos mais incríveis. Lágrimas correram por minha face, e não havia mais nenhuma necessidade a ser atendida. Cada parte do meu ser estava satisfeita. Eu não tinha dúvida alguma.

TERCEIRO DIA

O *archana* foi ainda mais maravilhoso com meu livreto novo escrito à mão. Entretanto, naquela manhã, a Amma não se juntou a nós, o que me deixou consciente do quanto a manhã anterior havia sido especial. Mas a boa sorte nos acompanhava porque, ao sairmos da sala após o *archana*, vimos a Amma a uma pequena distância, em meditação debaixo de um coqueiro no quintal da frente. Seguindo o exemplo dos demais que foram se sentando cada um em um lugar diferente, mantive uma distância respeitosa e me sentei. Por alguma razão, foi muito fácil entrar em meditação profunda sem sequer ter praticado meditação anteriormente. Eu sabia que devia ser a Amma me abençoando, pois minha mente costumava pular de um lado para o outro como um macaco. Quando nos juntamos à ela ainda estava escuro e, em seguida, ouvimos o som de um sino nos chamando para o desjejum das 9 horas.

Aonde havia ido o tempo?

Depois do café da manhã, a Amma ia dar uma volta e me chamou para acompanhá-la:

– Kusumam – disse ela com tanta doçura que senti uma pontada no coração.

Por meio de um tradutor, perguntei se eu poderia ajudar em alguma tarefa do *ashram*. A face da Amma se iluminou. Ela pegou minha mão e nos dirigimos à cozinha. Amma deu algumas instruções e apareceu uma pilha de legumes, algumas facas e uma tábua de cortar. Um grande vasilhame vazio foi colocado perto da Amma. Peguei a tábua de cortar e a Amma começou a cortar os legumes com a mão em concha, com uma velocidade e destreza incríveis. Não era fácil de ver a machadinha que ela manejava com tanta destreza, tão rápido era seu movimento! Como alguém podia cortar legumes com tanta rapidez?

Fiquei estupefata ao ver a pilha da Amma dez vezes maior que a minha depois de apenas cinco minutos. Ela estava concentrada na tarefa, mas também provocava o riso dos que haviam se reunido para observar. A certa altura, Amma voltou-se para mim e disse algumas palavras, que foram traduzidas por um dos monges:

— Amma diz que uma pequena árvore precisa de uma cerca à sua volta para protegê-la. Assim ela poderá crescer. Senão, as vacas irão comê-la. Captei a mensagem, entendi que Amma estava me encorajando a conviver com ela. Senti-me emocionada pelo que ela havia dito e permaneci em silêncio. Nunca foi tão divertido cortar legumes! E então terminamos.

Em seguida fomos lavar as panelas. Arrastamos a panela grande de arroz e alguns outros vasilhames para fora, para uma bica atrás da cozinha. Para esse trabalho, precisávamos apenas de um pote com cinzas e um par de chumaços grandes de fibras de coco. É inacreditável como podemos limpar bem as panelas usando somente cinza misturada com areia. Pela hora do almoço já estava decidido: eu seria a lavadora de panelas. Pelos seis meses seguintes, após cada refeição ou preparo de leite com água, eu me dirigia para a porta de trás da cozinha para recolher os vasilhames sujos e os retornava limpos e brilhantes. Eu estava encantada!

DEVI BHAVA

O dia seguinte era domingo, meu primeiro *Devi Bhava*. Um grande número de pessoas havia chegado à tarde, e o ambiente estava bem festivo. Depois de conduzir os *bhajans* ao pôr do sol, a Amma entrou no *Kalari,* e as portas do templo foram fechadas. Um dos residentes me informou que eu poderia me sentar lá dentro se quisesse e me indicou o lugar onde ficar para ser uma das primeiras a entrar. Todos estavam cantando com muita devoção quando as portas do templo foram abertas. A Amma fazia movimentos circulares segurando uma lamparina que ardia intensamente com cânfora fragrante. Uma coroa de prata e outros objetos que eu não consegui reconhecer decoravam um banquinho no centro do templo. A canção que a Amma entoava era *"Ambike Devi"*, a mesma que ela ainda canta antes de sentar-se para o *Devi Bhava*:

ambike devi jagannayike namaskaram
sharma dayike shive, santatam namaskaram

Ó Mãe Ambika, ó Guia do Mundo, nós Te saudamos!
Ó Shive, que concedes a felicidade; para sempre, Te saudamos!

shanti rupini sarva vyapini mahamaye
antadi hine atma rupini namaskaram

Ó Tu, cuja forma é a paz, que és onipresente,
Ó Grande Ilusionista!
Sem início nem fim, Tua própria forma é o Ser,
Eu me prostro diante de Ti!

Antes que a canção terminasse, as portas se fecharam novamente, e a intensidade da música aumentou. Sem saber o que esperar, eu recitava meu mantra e mantinha os olhos fixos nas portas do templo. Após um momento, elas voltaram a se abrir, mas desta vez, à Amma estava adornada da forma mais bela que se poderia imaginar. Meu coração transbordou espontaneamente de amor e de alguma lembrança antiga. Agora, sentada no banquinho, envolvida em um sári verde-esmeralda brilhante, Amma empunhava uma espada na mão direita e um tridente na outra, ambos apoiados em seus joelhos. Ouvia-se o tilintar das tornozeleiras mesclado aos sons do canto dos mantras, do sopro da concha e do repicar do sino do templo. Os olhos da Amma se fecharam por um momento e depois se abriram. Eu estava de pé, distante apenas alguns metros da Amma, bem ao lado da porta do templo, e uma onda de calor e luz me inundou de um modo indescritível. Seus olhos eram piscinas resplandecentes de amor e paz. Todo o mundo aparente havia desaparecido; para mim havia apenas a *Devi*. Alguém me cutucou para que eu adentrasse o templo; toquei o umbral da porta com a mão direita conforme alguém havia me ensinado e entrei.

A energia no interior do templo era mil vezes mais poderosa. O corpo todo da Amma vibrava sutilmente e o próprio ar estava carregado de eletricidade. Coloquei meu tapetinho junto à parede, bem à esquerda da Amma e um pouco à frente, e sentei-me. Uma das auxiliares ocidentais estava sentada exatamente à esquerda da Amma, ajudando em diferentes tarefas. Amma olhou para mim e sorriu. Meu coração se derreteu. Meus olhos se fecharam e eu me sentei. Em algum momento, alguém sussurrou "jantar" no meu ouvido, mas foi como se eu estivesse escutando a uma distância muito grande, não conectada com meu próprio sentido auditivo. Talvez a Amma tenha lhes dito para não me perturbarem de novo, porque mais tempo passou. De fato, a noite toda se passou antes que uma mão gentilmente me tocasse no ombro. De alguma forma, eu sabia que era para me levantar. Amma estava se movendo de um lugar para o outro dentro do templo. Ela parou e permaneceu em frente de cada pessoa que ainda permanecia ali dentro, talvez dez ou doze de nós, para dar um último abraço.

Amma veio para mim por último. Colocou a mão sobre meu ombro e olhou profundamente dentro dos meus olhos por um longo tempo. Seus olhos emitiam muito poder e luz. Qualquer que seja o nome dessa transmissão, ela penetrou meu âmago e aquietou meus pensamentos completamente. Minha mente se fundiu naquele momento, bebendo todo o amor que estava sendo derramado. Quando ela me abraçou, tudo o que consegui fazer foi me manter de pé.

"VOCÊ TEM O MESMO PODER"
O Kalari
Dezembro de 1983

Toda noite de terça, quinta e domingo, tornou-se meu hábito sentar-me naquele lugar e meditar durante todo o *Devi Bhava*, levantando-me apenas no final, para o último abraço da Amma. Nessas ocasiões, eu não jantava. Em uma dessas noites, perto do final do *Devi Bhava*, senti uma agitação na porta do templo. Ao elevar o olhar para a porta, fiquei horrorizada ao ver ali um homem mais morto que vivo, de pé, esperando para entrar. Todo o corpo dele estava coberto de feridas, algumas abertas, expelindo pus; os olhos estavam retraídos para dentro da cavidade ocular, cheios de muco; os ouvidos, cobertos de feridas; na cabeça não havia cabelo, e ela estava inchada como um melão. Desnecessário dizer que o odor era muito forte. Senti uma vontade de desmaiar e de vomitar ao mesmo tempo. Certamente alguém impediria que ele entrasse no templo!

Olhando rapidamente para ver a reação da Amma, minha mente não conseguia entender o que via. O rosto dela derretia de amor, como se tivesse aparecido seu parente favorito, há muito tempo perdido. Ela acenou para que ele entrasse no templo e esperou-o de braços abertos. Ele apoiou a cabeça no ombro da Amma, da mesma forma que cada devoto havia feito no decorrer da noite. O rosto da Amma brilhava de amor, muito mais do que já havia visto antes. Colocando cinza sagrada nas próprias mãos, ela acariciava os braços e as costas dele repetidamente, falando com ele o tempo todo com uma voz suave e terna, consolando-o. Ele, por sua vez, se manteve em silêncio, inclinou a cabeça desfigurada e, ao mesmo tempo, ficou completamente relaxado enquanto a Amma cuidava dele. Lembre-se que eu estava sentada a menos de um metro dessa cena, e o efeito visual que produzia em mim era, no mínimo, desconcertante.

A parte mais forte, porém, ainda estava por vir. Aparentemente insatisfeita com o próprio esforço, Amma fez o leproso virar de costas para ela. Algumas das feridas piores e mais purulentas estavam na parte superior do dorso. Amma o puxou para perto e, com a boca, gentilmente começou a sugar o pus, cuspindo-o depois em uma bacia de latão que sua assistente segurava. O olhar da Amma era de pura intenção. Não havia um traço sequer de repulsa, nem qualquer pressa em terminar uma tarefa desagradável. Era como se a Amma tivesse todo o tempo do mundo para essa pessoa. Em seguida, com a língua, ela lambeu as piores feridas e correu o dedo indicador sobre a fissura, como se estivesse fechando as bordas para costurar. Amma continuou assim por algum tempo. Por fim, ela deu a ele o *prasad*, um pouco de água benta e uma banana e se levantou, dando por concluído o *Bhava Darshan*.

Durante os dois dias seguintes, minha mente ficou em estado de choque. Tendo feito graduação em ciências ambientais na Universidade da Califórnia em Berkeley, eu era totalmente incapaz de compreender como a Amma havia feito aquilo. Alguns residentes tentaram responder as minhas perguntas. O monge que hoje se chama *Swami* Amritaswarupananda, explicou que o leproso já frequentava o *Devi Bhava* há algum tempo e que seu nome era Dattan. Outro monge, hoje conhecido como *Swami* Amritatmananda, disse que a Amma o estava curando, que ele já havia melhorado em comparação com seu estado na primeira visita. As respostas deles só aumentaram a confusão em meus pensamentos. Decidi perguntar à Amma.

No meio da manhã encontrei a Amma trabalhando no jardim com uma grande enxada. Ela estava cavando poços de água em volta dos coqueiros no quintal da frente. O círculo que estava fazendo em volta de cada árvore tinha uma forma perfeita e me

Amma com Dattan

fez lembrar o símbolo de granito preto que havia visto na entrada do caminho que leva à casa da Amma.

Por meio de um tradutor, pedi permissão à Amma para perguntar a respeito do leproso. Ela colocou a enxada de lado e me deu toda a atenção. – Amma, o que eu vi na outra noite não é possível, quero dizer, não é cientificamente possível. Um tecido tão enfermo não pode ser regenerado. Como é possível?

– Filha, você quer conhecer o milagre?

– Sim, Amma, por favor, me diga.

– O verdadeiro milagre é que você tem o mesmo poder em seu interior, mas não sabe. Amma veio para (mostrar-lhe) isso.

Ela deu um sorriso gentil, pegou a enxada e voltou a trabalhar com as árvores. Amma não ia dar muita importância ao fato de que estava curando um leproso. Não havia um traço sequer de ego ou de orgulho. Do ponto de vista da Amma, a ação extraordinária que eu havia testemunhado só era significativa na medida em que havia servido de degrau para o autoconhecimento. Naquele momento, algo se galvanizou dentro de mim. Todos os antigos pontos de referência de minha vida se desintegraram. Uma mudança irrevogável, tectônica em minha visão do mundo. Meu coração se abriu para esse lindo e humilde ser divino, que queria apenas me mostrar o que estava no interior do meu próprio coração.

Naquele instante dediquei-me a estar com a Amma e aprender dela o que havia para saber. Foi um desses momentos da vida em que você sabe. Você simplesmente sabe. Seu coração sabe com uma certeza absoluta. Você avança a partir desse ponto e nunca mais volta a ser o que era. Somos reconstruídos nesse momento de escuta, de testemunho. Uma ressonância até então desconhecida ecoou na câmara mais profunda de meu coração, colocando-me na jornada espiritual que ainda trilho atualmente.

Durante vinte e nove anos tenho meditado na imagem da Amma abrindo seus braços para o leproso Dattan. Tenho olhado essa imagem a partir de quase todos os ângulos. Imaginei-me sendo ele, para sintonizar com sua experiência de emergir da morte para a vida por causa da misericórdia da Mãe Divina. Imaginei-me abraçando-o com meus próprios braços: impossível. Deleitei-me com a lembrança da beleza intensa, incandescente do amor puro que havia na face da Amma, quando ela recebeu o leproso em seus braços. E qual era a mensagem recorrente? Que o amor era de muito maior importância do que a cura, do ponto de vista da Amma.

Além do mais, todos nós temos o poder desse Amor Supremo no nosso interior. Chame-o de amor de Deus, Amor Divino, ou *Prema* (Amor Supremo), em sânscrito. Qualquer que seja o nome, trata-se do Amor todo-poderoso, que sempre triunfa, eternamente universal. Segundo os santos e sábios de todas as tradições, esse amor é a nossa verdadeira natureza, estamos apenas alienados dele. A meta da vida espiritual é despertar esse Amor Supremo que é nossa natureza inata, nosso maior potencial inerente como seres humanos.

Quem tem o poder de dar vida aos moribundos? Aqueles que detêm esse poder não precisam sujar suas belas sedas abraçando um homem em decomposição. Seria suficiente usarem as palmas das mãos para ele e irradiarem a cura através do poder de sua mente. Eles têm esse poder. Mas, para a Amma, entre as duas possibilidades, era muito mais poderosa a alternativa de mostrar a Dattan -um homem que havia sido rejeitado por seus próprios parentes e amigos e abandonado para morrer- que ele era amado. Quem tem uma mente para conceber isso? Quem é o árbitro do destino? Ela caminha entre nós e seu nome é Mata Amritanandamayi. A Mãe da Graça Pura.

CAPÍTULO 2

Meus primeiros passos

Naquela época, o dia a dia com a Amma era do jeito que é hoje: em um único dia, podia acontecer tanta coisa que aqueles primeiros meses passaram voando. A rotina do *ashram* estava colada na parede do meu quarto e me servia de guia diário.

4h30:	*Archana*
6h às 9h:	Meditação/Ioga
9h:	Desjejum
10h:	Aula sobre as escrituras
11h às 13h:	Meditação
13h:	Almoço
14h às 16h:	Tempo livre
16h às 17h:	Aula
17h às 18h30:	Meditação
18h30 às 20h:	*Bhajans*
20h30:	Jantar
21h às 23h:	Meditação

Minha primeira grande descoberta foi que eu adorava meditar. Todas as atividades no meu dia giravam em torno das sessões de meditação. Geralmente eu me sentava na varanda do *Kalari*. Por horas. Dessa forma, as refeições, a aula e a lavagem das panelas ficavam a apenas alguns passos de distância. Eficiente, sem estar no caminho de ninguém, em transe. Depois de levantar para comer ou para lavar panelas, eu voltava para o *Kalari* e me sentava novamente. Dessa forma passaram-se dias, depois semanas e meses.

HORA DA AULA

As aulas eram um ponto alto no dia. *Bhagavad Gita* de manhã e um dos *Upanishads* à tarde. Lembro-me de uma manhã em particular, quando um novo curso estava sendo inaugurado pela própria Amma. Ela se sentou no *Vedanta Vidyalayam*, um pequeno abrigo aberto com teto simples e chão de concreto, bem perto do lado oeste do *Kalari*. Sentada sobre uma pequena plataforma elevada com uma pilha de livros a seu lado, Amma acendeu a lamparina decorada, usada em tais ocasiões, enquanto o monge que daria aquele curso conduzia o cântico. Amma jogou pétalas de flores sobre os livros e sobre nós e abençoou um *kindi* (pote cerimonial de latão) de água, que ela espargiu ao redor. Em seguida, um a um, cada um de nós foi até a Amma, ofereceu um profundo *pranam* e recebeu o novo livro de suas mãos. Olhei para meu livro. O título era *Vedanta-Sara*, de Adi Shankaracharya.

Estudar *Vedanta* abriu meus olhos. Nos mínimos detalhes, Adi Shankaracharya explica a filosofia da unidade, de um campo unificado de consciência pura, de existência pura, de Brahman sendo o substrato do universo. Experimentar diretamente a unidade, ir além de nossa realidade aparente é inerentemente possível para nós, se nos dedicarmos a essa tarefa. É o objetivo do nascimento humano. A experiência não é para ser atingida; já existimos nesse estado. Entretanto, devido à nossa falta de compreensão, nós nos identificamos com o corpo e a mente, que são transitórios, e não com seu substrato eterno – a consciência pura. Precisamos entender que todo prazer sensorial é efêmero e, em última instância, uma fonte de sofrimento futuro. Quanto maior a clareza com que enxergamos isso, maior a facilidade para nos desapegarmos de nossos gostos e aversões egoístas. Gradualmente despertamos para uma visão verdadeira do mundo, de nós mesmos e de Deus, experimentando diretamente as três visões como, em essência, uma única consciência pura. Com nossa visão corrigida por meio da compreensão espiritual, todos os nossos medos desaparecem. Todos os nossos desejos egoístas se evaporam. Dessa forma, somos libertados de nosso egoísmo. Isso não nos torna inativos. Como a Amma, nós continuamos a agir – não para o nosso bem – mas pelo bem do mundo. Para uma mente científica como a minha, o *Vedanta-Sara* de Shankaracharya foi um bálsamo de puro alívio. Minha mente absorveu a explicação lúcida sobre a verdadeira realidade como alguém bebe água depois de uma longa caminhada no deserto.

As outras duas devotas que moravam no *ashram* eram da Austrália. Tínhamos mais ou menos a mesma idade, embora eu fosse a mais jovem. Uma delas era a assistente pessoal da Amma e a outra era de um tipo quieto, contemplativo, que atendia a Amma durante o *darshan* de *Devi Bhava*. Cada uma de nós ficava ocupada com os próprios deveres particulares e não passávamos nem um momento do dia conversando entre nós. Cheguei a conhecê-las unicamente pelo tempo que passamos lado a lado prestando serviços para a Amma e para o *ashram*.

Eu admirava as duas: elas tinham um jeito especial dando a impressão de que sempre sabiam a coisa certa a fazer. Uma estava constantemente cantando seu mantra, silenciosamente, é claro, enquanto atendia às necessidades imediatas da Amma, tais como cozinhar, limpar e lavar a roupa. Ela era muito eficiente em seus deveres, mas também encontrava tempo para me encarregar de tarefas especiais que me aproximavam da Amma.

A outra moça era igualmente dotada de eficiência no aspecto acadêmico. Notei que, após cada aula, enquanto me preparava para uma sessão de meditação, ela voltava para o quarto para copiar com esmero as anotações feitas na aula em um grande caderno pautado, parecido com os de contabilidade, e inseria as traduções tanto do sânscrito quanto do inglês de cada verso estudado em aula. O que eu havia realizado na universidade na área de ciências, ela estava realizando na área das escrituras. Seu foco e seu amor pela Amma durante o *Devi Bhava* eram incríveis. Ela era sempre uma presença silenciosa ao lado da Amma, nunca perdendo o ritmo até o último minuto, o que acontecia normalmente por volta das 3h ou 4h da manhã.

Eu me perguntava se um dia eu chegaria a ter essa qualidade de disciplina. Eu absorvia os conceitos espirituais que estávamos aprendendo nas aulas e fazia serviço abnegado lavando as panelas, mas o núcleo de minha prática espiritual era o tempo que eu passava em meditação.

UMA SESSÃO DE IOGA

Certa manhã, a Amma me chamou em seu quarto pouco depois do desjejum. Alguém havia mencionado que eu conhecia *hatha yoga* e ela queria ver meus *asanas* (posturas de yoga). Um casal de residentes estava sentado quieto em um canto sem prestar muita atenção em mim. Então comecei com a Saudação ao Sol. Depois fiquei na posição do Arqueiro sobre um pé só durante longo tempo. Em seguida, fiquei apoiada sobre a cabeça em uma postura invertida e em outras posições que a Amma havia pedido. Nunca dei maior importância à minha prática de ioga, pois eu havia aprendido de forma casual com a mãe de uma amiga da escola, que havia me mostrado o básico. Mas a Amma apreciou a prática, pedindo-me para repetir certas posturas várias vezes.

No final, a Amma me pediu para sentar de frente para ela na posição de lótus completa. Foi bastante fácil. Amma também assumiu a postura de lótus completa e alinhou seus joelhos com os meus. Foi aí que começou a diversão! Amma se inclinou para frente e pegou meus braços. Fiz o mesmo. Então, em uma rotação no sentido horário, começamos a fazer um círculo lentamente, primeiro pequeno, depois o arco foi ficando cada vez maior. Logo, a Amma estava girando para trás quase até chegar ao chão, enquanto eu me inclinava para frente para contrabalançar o peso da Amma e a força do movimento. Em seguida, meu tronco circulava para trás, pouco acima do chão, em um ângulo que mal dava para evitar o chão, mas o peso e a oscilação da Amma contrabalançavam meu movimento.

A forma que a Amma me segurava me indicava para ir mais rápido. Assim, tínhamos um ritmo perfeito, volta após volta nesse movimento circular. Eu nunca havia feito isso antes, era super revigorante. A assistente estava ajoelhada perto, e eu pude escutá-la dizendo:

- Tomem cuidado, vocês vão bater com a cabeça! Cuidado! Parem agora!

Mas eu sabia que a Amma e eu estávamos em perfeita sincronia, pois quando ela se inclinava para trás, eu me inclinava para frente. De qualquer maneira, não houve redução da velocidade, pois era a Amma que estava conduzindo, não eu! Finalmente, a Amma acabou reduzindo a velocidade e todas nós caímos na gargalhada. Minha cabeça não estava rodando nem um pouco, mas minha alma definitivamente tinha girado!

Depois de recuperarmos o fôlego, Amma me instruiu para começar a ensinar ioga para as outras residentes. A aula seria dada de manhã, no quarto da Amma, depois que ela descesse. E assim, a primeira aula de ioga para as mulheres do *ashram* foi inaugurada pela maior *yogini* do universo, a Amma!

APRENDENDO A LAVAR A ROUPA

Atrás da casa de família da Amma havia três pedras para lavar e uma torneira que às vezes até tinha água. Foi aí que me encontrei na primeira semana, batalhando com minha roupa suja. Como é mesmo que funciona essa coisa de pedra de lavar? Munida com meu balde, uma barra de sabão Rin e muitas manchas de sujeira em minhas roupas, lá fui eu. É evidente, certo? Encha o balde, molhe a roupa, passe o sabão, esfregue com a escova plástica os lugares que realmente precisem, tente não espirrar água no vizinho e, definitivamente, não desperdice água.

No início tudo pareceu certo, quer dizer, o ciclo estava funcionando, mas eu estava de fato levando muito mais tempo do que os outros. Não querendo que pensassem que eu era a novata que tomou conta da pedra de lavar, observei o que os outros estavam fazendo enquanto esperava minha vez na bica. Aha! Estavam batendo a roupa contra a pedra, e depois a esfregavam sobre sua superfície. Muito mais eficiente do que minha pequena escova. Assim, depois de pegar mais água, comecei a fazer o mesmo. Ou achava que sim.

Finalmente, um dos monges, hoje conhecido como *Swami* Amritaswarupananda, virou-se para mim e, de modo muito educado, disse:

– Se você bater sua roupa assim contra a pedra, não sobrará nada dela. Veja, tente fazer assim.

Fiquei realmente emocionada ao ver que ele queria me ajudar a melhorar a técnica e não se importava em dizê-lo. Ele estava certo, havia um pequeno movimento com o punho que girava a roupa no ar de forma que ela caísse sobre si mesma e não tão diretamente sobre a pedra dura. Claramente a roupa era mais amassada com esse movimento, e dessa forma as manchas sujas se soltavam do tecido. E era também muito mais rápido. Somente a metade do barulho, e muito menos bolhas de sabão voando pelo ar direto para o vizinho, o que de fato era pouco cortês. Antes que eu me desse conta, meu balde havia terminado, e a pessoa seguinte, muito agradecida, pôde ocupar meu lugar.

OBRIGAÇÕES NOTURNAS

À noite, após os *bhajans*, tornou-se minha tarefa caminhar atrás da Amma com uma garrafa, um abanador e uma toalha de rosto.

Se acontecesse de a Amma pedir por algum objeto em particular, eu corria para pegá-lo. Se ela chamasse alguém, eu ia buscar a pessoa. Amma andava de um lado para o outro, algumas vezes sozinha, mas mais frequentemente na companhia dos devotos que haviam chegado ou com os residentes. Sentados debaixo dos coqueiros, ou na porta das cabanas, longas conversas avançavam noite adentro. Às vezes, a Amma ria alegremente e brincava; outras vezes, abordava assuntos sérios. Para mim, era um momento de mantra *japa* contínuo e de observar as necessidades da Amma. Sua energia nunca diminuía. Sua atenção estava nos problemas e preocupações dos outros. Dedicava totalmente seu tempo a quem quer que houvesse chegado procurando por ela. Privando-se de comida e de sono, um dia após outro, era difícil acompanhar o ritmo dela, mesmo para uma moça de 23 anos de idade!

Uma noite, após os *bhajans*, alguém trouxe para a Amma uma tambura, um instrumento musical de quatro cordas que tem um som reverberante. A Amma começou a tocá-lo mirando as estrelas. Enquanto a observava, ela entrou em *samadhi*. Nunca havia presenciado alguém realmente entrando nesse estado, e veio uma onda de paz purificadora. Eu não queria estragar esse momento de puro êxtase encarando a Amma, mas a face dela brilhava com a incandescência iluminada pelo luar que parecia emanar de dentro. O esplendor do brilho da Amma tornou-se cada vez mais pronunciado. Lágrimas correram silenciosamente por sua face durante alguns momentos. Em seguida veio uma risada suave, murmurante, que soava como se viesse de outro plano de existência. Esse riso continuou por bastante tempo e depois foi se extinguindo. Esta foi a noite em que compreendi que esse caminho do amor era muito mais profundo do que eu havia imaginado. A consciência da Amma esteve absorvida por horas. Fiquei sentada perto dela até vê-la abrir os olhos, um pouco antes do amanhecer.

Os monges se sentaram por perto em meditação durante toda a noite, deleitando-se com o ambiente sublime.

TODAS AS NOITES

Toda noite, Amma chamava uma ou duas das moças para a ajudarem em seu quarto. Em minha opinião, se você quer saber que tipo de pessoa alguém realmente é, vá até o quarto dela. O meu é desordenado, o da Amma é incrivelmente simples. O quarto dela mede no máximo cinco por 6 metros; as paredes são pintadas de branco; tem uma cama rústica, estreita, com armários de porta de correr sob a cama, para guardar as roupas da Amma. Nenhuma mobília, nem mesmo uma cadeira. Para as refeições, a Amma se sentava em uma esteira de palha no chão. Sem telefone, sem TV, somente um ventilador de teto. A "cozinha" continha um fogão de duas bocas apoiado sobre um pequeno balcão e uma minúscula geladeira. Os únicos adornos eram uma estátua de Krishna de argila pintada em um canto e uma imagem da Deusa Saraswati, pendurada na parede aos pés da cama da Amma.

Arriscando-me a adiantar na história, quero compartilhar uma anedota. Em um verão recente, enquanto a Amma estava fora em turnê, foi construído um lindo quarto novo à beira-mar para a Amma. Grande, arejado, com uma cozinha apropriada, cheio de luz, com vista para o Mar Arábico, brisa marinha - o único som era o das ondas quebrando. Quando a Amma chegou de volta da turnê, ela se recusou a entrar no novo quarto, dizendo que seu quarto antigo era perfeito. E encerrou o caso. O quarto da Amma de então, é o quarto da Amma hoje, com o acréscimo de um telefone, é claro!

Mas estou me desviando. A noite no quarto da Amma era um momento de tranquilidade. Eu servia um jantar simples enquanto ela lia uma pilha de cartas, e, em seguida, escrevia as respostas. Mas, algumas noites, ela também aproveitava para trabalhar. Uma cena comum era a Amma lendo uma carta que tivesse na mão e uma pessoa lendo outra carta em voz alta. Se alguém entrasse no quarto, e a pessoa interrompesse a leitura, ela perguntava por que havia parado.

– Eu tenho dois ouvidos, não precisa parar.

E era verdade. Sua mente conseguia estar plenamente presente em cada uma das tarefas e podia completá-las com perfeição.

Essa também era a hora para resolver problemas, caso os residentes precisassem de conselho ou correção. A Amma tinha uma "política de portas abertas" que significava que a porta do quarto ficava aberta. Podíamos aparecer a qualquer momento, se fosse necessário. Sempre me surpreendia que, dia ou noite, a Amma não tivesse necessidade de privacidade. Todo o seu tempo era dado aos outros. Se ela sentisse dor nos pés ou nos músculos da panturrilha, eu os massageava, ou ajudava a preparar a comida dela. "Dormir" não era uma palavra que eu usaria para descrever o que a Amma fazia quando se deitava. Era mais um descanso do corpo por algumas horas. Sua consciência de tudo o que acontecia continuava a mesma durante esse período, o que ficava evidente porque muitas vezes ela nos acordava para tomar conta de alguém que houvesse chegado durante a noite ou que houvesse adoecido e precisasse de ajuda.

COZINHAR PARA AMMA

Uma vez, pediram-me para preparar um prato de acompanhamento para a bandeja do jantar. A outra assistente que normalmente cozinhava para a Amma me aconselhou qual prato preparar e passou instruções precisas. Porém, em vez de cantar meu mantra sem interrupção, eu me lembro de ter pensado: "Oh, como tenho sorte de estar fazendo essa comida! A Amma vai gostar tanto dela. Talvez eu venha a ser aquela a quem ela pedirá para cozinhar sempre para ela!" Ego puro foi para o prato, em lugar de mantra puro.

O jantar foi servido, mas fui chamada para um serviço em outro lugar. Desapontada por não ter a oportunidade de ver a Amma desfrutando de minha oferenda, eu mal sabia do que estava para acontecer. Quase meia hora depois, alguém veio correndo me buscar. Eles me pedindo para ir para o quarto da Amma, pois ela estava se sentindo extremamente mal. Quando cheguei lá, fiquei horrorizada. A Amma começou a vomitar violentamente no banheiro e ela queria que eu a segurasse com firmeza. Eu me senti muito mal ao lado dela, ajudando-a a verter água fresca, oferecendo-lhe um copo de água para ela enxaguar a boca e uma toalha, quando a náusea eventualmente passou. Eu sabia que devia ter sido por causa do prato que eu havia preparado com tanto ego. Que desastre!

Os monges estavam muito preocupados em saber como eu havia preparado a comida e porque havia dado aquele prato em particular, que costumeiramente não era para ser ingerido à noite. Assim, depois que a Amma o eliminou de seu organismo, nos sentamos todos juntos. Eu disse para eles qual foi o verdadeiro problema com o prato e esperei pela reação da Amma. Ela caiu na gargalhada e puxou minha orelha, minha orelha direita é claro, aquela que ela puxara no dia em que nos conhecemos. Ela disse a todos, não somente a mim, que precisávamos ter plena consciência ao praticar toda e qualquer ação. O mantra nos ajudaria se o recitássemos continuamente. Ele purificaria cada ação se nós o recitássemos com *shraddha* - consciência e fé.

Nós todos escutávamos com atenção, eu mais que todos, obviamente, pois o realmente era meu momento de aprender. Era assim que Amma ensinava, com uma facilidade gentil, para não envergonhar a pessoa, mas para ter certeza de que a essência fora transmitida, não somente para o benefício da pessoa, mas também para o benefício de todos.

Por todos esses anos, a Amma tem prosseguido neste estilo. Muitas repreensões já ocorreram, mas algumas vezes não fica imediatamente óbvio o motivo pelo qual uma determinada situação estaria provocando uma forte reação da Amma. Eu notei que o tom da Amma era sempre no nível da pessoa a quem o ensinamento se dirigia. Aqueles que tinham uma língua afiada recebiam censuras severas, aqueles que eram de natureza mais gentil recebiam respostas gentis. Se uma censura parecia confusa, descobri que, com autorreflexão, aquilo que precisava ser corrigido sempre se tornava claro. A tarefa da Amma era nos liberar do nosso sentido de "eu" e "meu", de nosso egoísmo mesquinho. Geralmente eu tinha que perder meu sentido de fazedora. Por que eu deveria reagir à Amma? Não foi para isso que eu vim? Para me tornar verdadeiramente livre?

LAMPARINAS QUE ILUMINAM

Certa noite, depois dos *bhajans*, vários carros particulares chegaram para transportar a Amma e os residentes do *ashram* até uma casa em Kollam, cuja família a havia chamado. Era a casa da família de um dos devotos mais antigos da Amma, e uma recepção havia sido organizada. Já eram 21h quando nos apertamos dentro dos carros – Amma e as moças atrás e dois monges na frente. Os outros carros ficaram lotados com o resto dos residentes e os instrumentos. Quando entramos no carro da Amma, o banco traseiro estava bastante apertado. Eu consegui me agachar em um canto sem muito problema, deixando mais espaço para a Amma e com uma visão perfeita da cena que se desenrolava. Amma começou a cantar "Siva Siva Hara Hara", e o que começou lentamente logo se tornou um *bhajan* cantado a toda velocidade, e não tinha fim. Amma ria e conduzia o *bhajan*;

todos nós cantávamos de todo o coração. O carro inteiro estava saturado de uma felicidade indescritível. Não sei como o motorista se virou! Quando a canção terminou, já estávamos praticamente em Kollam. O humor da Amma havia ficado bastante eufórico e animado. Seus olhos eram duas brasas ardentes.

Perguntei à Amma sobre a intensa felicidade que senti enquanto cantava o *bhajan* com todo o coração, o que, é claro, só acontecia de vez em quando.

– Essa é a verdadeira felicidade?

Amma me disse para continuar tentando reduzir os intervalos entre os momentos nos quais eu experimentava felicidade, para tornar contínua essa experiência. Assim esta seria a verdadeira experiência, quando todos os intervalos tivessem desaparecido. Quando chegamos a Kollam, estava claro que uma noite especial nos aguardava.

A casa estava adornada para a chegada da Amma. Grinaldas de flores foram colocadas em torno de toda a varanda e uma enorme lamparina brilhava na entrada principal. Amma foi levada à sala de *puja* da família, onde se amontoavam bandejas de frutas e de flores de jasmim aromáticas. Perto de onde a Amma se sentou, havia uma bandeja com objetos brilhantes de latão para o *puja*. Todos os monges se aglomeraram ali perto. Eu estava sentada bem atrás da Amma, com uma toalha de rosto e um abanador.

Cada uma das fotos do altar estava adornada com um *mala* de flores frescas. Alguém havia passado o dia todo preparando a sala de preces com tanta perfeição! Onde quer que se olhasse, havia alguma mostra de beleza. Uma grande foto da Amma em *Devi Bhava* ocupava a área central. Amma começou acendendo uma lamparina novinha em folha, usando uma lamparina de mão menor, que ela havia acendido com um fósforo. A seguir, alguns tabletes de cânfora foram acesos usando a lamparina. Com os dedos, Amma colocou-os para flutuar sobre a água em um *kindi* de latão. Como ela conseguia fazer isso sem queimar os dedos nem apagar a chama? Enquanto a cânfora girava na superfície da água, a Amma pegou um pouco de cinzas sagradas e as salpicou na água. Agora a cânfora em brasa flutuava em diferentes direções. Amma observava o movimento o tempo todo. Os monges já estavam cantando mantras e Amma se uniu a eles depois de alguns momentos. Aqueles não eram os mantras que eu havia conhecido no *ashram*. Eram diferentes. Com minha falta de conhecimento de sânscrito, esses se tornaram simplesmente "os mantras das visitas às casas". A Amma levantou o grande vasilhame com água, que havia sido benzido com a cânfora e as cinzas sagradas, segurou-o perto de seu rosto e respirou sobre a superfície da água. Em seguida, inalou o ar profundamente. Pelo menos, é o que me parecia estar acontecendo, olhando de minha localização privilegiada. A colher de *arati* foi acesa; Amma circulou algumas fotos do *puja* com a chama, mas não circulou a própria foto. Ela apanhou um punhado de flores de jasmim, misturadas com outras flores cor de rosa e vermelhas que eu não conhecia. Ela as segurou por alguns momentos sobre a cânfora em chamas e depois as jogou sobre as fotos, abençoando-as. Usando a mão direita, Amma borrifou um pouco de água benta na sala e nas pessoas presentes e começou a cantar:

> *Vedanta venalilute oro nadanta panthannalannal*
> *ni tan tunaykkum avane enne Gitarttham ippozh evite?*

> Agora, onde está a Verdade da Gita
> que proclama que Tu guiarás
> o viajante até o silêncio final
> através da estação seca e cálida do Vedanta?

Aquele cântico complementava o *bhajan* que havíamos cantado no carro. Eu podia sentir que a felicidade do cântico começava a me transportar e tentei fazer o que a Amma me havia sugerido.

Eliminar os intervalos. Aquietar os pensamentos e manter a mente em um único ponto. Dissolver-me em amor divino pelo menos por um momento.

Posteriormente, a família levou Amma para uma grande sala, onde ela podia receber os muitos familiares que haviam comparecido para o *darshan*. Todos nós recebemos uma deliciosa refeição. Foi minha primeira refeição completa ao estilo indiano, mas não demorou muito para eu pedir para pararem de encher o meu prato. Todos riram quando eu disse em malaiala, *"madi"*, que significa "basta". Havíamos passado cerca de uma hora na casa, e pensei que retornaríamos ao *ashram*. Mas em vez de entrar no carro, Amma acenou para que eu a seguisse, e lá fomos nós, rua abaixo em grande velocidade. Os monges nos alcançaram assim que a Amma se dirigiu à casa seguinte onde havia uma lamparina acesa na porta da frente. A expectativa da família era grande, e a Amma logo estava na sala de *puja* deles, antes mesmo que conseguissem terminar de lavar os pés dela. A mesma cena se repetiu, mas Amma cantou outra canção:

kotannu koti varshangalayi satyame
tetunnu ninne manusyan

Ó Verdade Eterna, por milhões e milhões de anos,
a humanidade tem procurado por Ti.

Amma também deu o *darshan* para aquela família e seus parentes, depois comeu uma quantidade minúscula da comida que lhe ofereceram. Saímos da casa e entramos na seguinte, onde a lamparina estava acesa na entrada. Dessa forma, a Amma continuou por mais sete casas, comigo correndo atrás para poder acompanhá-la. Ela era muito rápida! Os monges estavam em sincronia com o ritmo da Amma sem nenhum problema. Quando saímos da última casa, olhei o relógio. Eram quase 2h da manhã. O céu estava claro e o ar era de um friozinho refrescante. Mas, espere, a Amma estava se dirigindo em direção oposta de onde havíamos começado. Saí correndo para alcançá-la.

Seu passo se acelerou e surgiu um pequeno atalho de terra. Amma entrou nesse atalho e eu a segui de perto. Logo, apareceu uma rua separada. Mais de uma dúzia de casas havia acendido lamparinas por toda a rua que se estendia pela noite! A animação da Amma não diminuiu nem um pouquinho. Ela era uma taça de amor que transbordava, levando alegria para cada uma das casas onde havia uma lamparina acesa. O entusiasmo da Amma em levar sustento espiritual para cada pessoa que esperava ansiosa por sua chegada era sem limites. Chegamos de volta ao *ashram* um pouco antes do amanhecer.

A FAMÍLIA DA AMMA

A família da Amma era generosa de muitas formas; pude constatar isso de imediato. Eles me acolheram em seu lar, deram-me um quarto na casa e ofereciam tudo o que tinham para dar apoio ao *ashram*, sem esperar nada em troca. Sua família havia passado por muitos problemas na medida em que Amma foi se tornando cada vez mais conhecida por sua divindade. Seis aspirantes espirituais de três continentes já haviam chegado à sua porta para viver perto da Amma! Eles poderiam ter reagido de muitas formas, mas escolheram acima de tudo desempenhar o papel de anfitriões atenciosos. Foi incrível conhecer o pai e a mãe da Amma, seus irmãos e irmãs, ao longo desses anos; vê-los ir à escola, receber seus diplomas, casar e montar suas próprias famílias, começar negócios próprios e se tornar bem sucedidos pelo próprio esforço tem sido maravilhoso.

Não deve ter sido fácil ajustar-se às constantes exigências da crescente missão da Amma bem ali no pátio da frente. Por vezes seguidas, eles desistiram de suas próprias casas e terrenos para se mudarem um pouco mais para longe, a fim de acomodar o constante fluxo de devotos. A mãe e o pai da Amma, os irmãos e irmãs deram de bom grado o necessário para o bem do *ashram*, para que pudesse crescer.

Muitas noites se passavam com a família usufruindo da brisa fresca, fazendo companhia mútua, conversando e rindo como as famílias fazem. Tudo o que tinham era repartido entre nós, inclusive a casa, o terreno, a comida e a lenha para cozinhá-la. Se alguém chegasse à noite, ou se precisasse de um lugar para descansar, eles sempre ofereciam sua casa. Enquanto algumas famílias talvez tivessem se ressentido com as constantes intrusões, eles faziam exatamente o oposto. Sentiam que era seu dever dar as boas-vindas aos devotos.

Anos mais tarde, todas as terras que eles haviam doado foram colocadas em uma fundação sob o nome da ordem *sannyasa* que a Amma havia estabelecido em Amritapuri. Nenhum membro da família possui qualquer propriedade do *ashram*, embora cada uma de suas propriedades tenha sido doada livremente para a fundação sem qualquer pagamento – nem mesmo um único *paisa* foi pago a eles pelos terrenos. Todas as escolas, hospitais e instituições criadas pela Amma foram confiados ao conselho de diretores do *ashram*. Nem mesmo o nome da Amma consta de nenhuma escritura ou título de quaisquer propriedades do *ashram*! Nenhum membro da família da Amma pertence ao conselho de diretores, somente os *sannyasins* compõem o conselho de diretores. Como isso é reconfortante nesta era atual!

Quando chegou o momento da sobrinha da Amma, Durga, casar-se, em maio de 1999, houve grande entusiasmo, pois ela era a primeira das sobrinhas a se casar. A família pediu a bênção da Amma para fazer um empréstimo no banco a fim de assegurar que todos os preparativos fossem feitos adequadamente. Na Índia, a família da noiva ainda assume a maior parte das despesas. O casamento foi uma ocasião auspiciosa por várias razões. Foi também um sinal de que a família da Amma era capaz de dar conta de suas próprias necessidades sem depender do *ashram*.

Além disso, constituía uma fonte de orgulho para Sugunanand Acchan e Damayanti Amma que todos os seus filhos e respectivos cônjuges fossem graduados em nível universitário e que pudessem se casar bem e manter suas famílias, em meio à florescente comunidade do *ashram*. Logo todos já estavam gerenciando negócios bem sucedidos, seja na área de laticínios ou de construção de barcos, devido ao trabalho árduo e por seus talentos naturais. Eles convidaram a todos para o casamento e, na enorme e memorável festa que organizaram, deram de comer a um grande número de pessoas, como é o costume na Índia.

DARSHAN DE KRISHNA BHAVA

Pela manhã, chegou um comunicado surpreendente: no domingo, a Amma iria dar o *darshan* de *Krishna Bhava*! Esse *darshan* era muito especial para todos os devotos, porque no passado a Amma dava o *darshan* tanto de *Devi* quanto de *Krishna Bhava* na mesma noite, mas isso não acontecia mais. A notícia se propagou rapidamente e, no domingo, multidões de pessoas chegaram para aguardar o *Krishna Bhava*. O ambiente no *Kalari* estava totalmente diferente. Krishna era brincalhão com os devotos, e *Devi* era séria. Krishna ficava com um pé no chão e o outro apoiado sobre um banquinho, sem se sentar.

Os devotos lotaram o templo e receberam o *prasad* em pé. Havia uma tigela com pedaços de banana para que Amma alimentasse cada pessoa que viesse para o *darshan*. Os *bhajans* também eram diferentes, dedicados principalmente a Krishna, e muitos deles tinham melodias alegres. Ao entrar no templo para meditar, como de costume, não tive vontade de ir ao *darshan*. Soa terrivelmente estranho dizer, mas minha devoção era inteiramente para a Divina Mãe!

Perto do final da noite, alguém veio me chamar para o *darshan*, pois a Amma sabia que eu ainda não havia ido. Eu disse que meu coração queria somente a Mãe Divina. Quando o *Krishna Bhava* chegou ao fim, Amma veio até a porta do templo para se despedir dos devotos, muitos dos quais haviam ficado. Ela deu um passo para fora do templo e começou a dançar com os braços elevados e um sorriso esplêndido. Até mesmo o rosto da Amma parecia diferente naquela noite, mais parecido com o de um garoto e mais travesso! A dança continuava, enquanto o *bhajan* acelerava cada vez mais o ritmo. Naquele momento eu me arrependi de minha decisão de não ir para o *darshan*, mas não havia mais jeito de mudar a decisão. Que tola eu fui! Pelo que sei, aquela foi a última vez que Amma deu o *darshan* de *Krishna Bhava*.

AULA DE COSTURA

Certa tarde, quando estava no quarto da Amma, ela decidiu costurar um pouco. Havia uma máquina de costura de pedal no canto, e nós a puxamos um pouco para fora, para que ficasse em uma posição mais cômoda. Então ela começou as reformas que tinha em mente. Como eu nunca havia visto a Amma costurar antes, fiquei fascinada com o processo. Ela pegou algumas de suas saias de dentro do armário onde guardava as roupas. Os dedos ágeis da Amma começaram a descosturar a bainha usando um removedor de pontos com tanta rapidez que era impossível acompanhar o que estava sendo feito. Olhando para a roupa, ela colocava o tecido escorregadio na máquina de costura sem alfinetes para marcar os ajustes, e começava. Amma podia fazer costuras perfeitamente retas em pouquíssimo tempo, segurando o tecido com a pressão adequada, passando-o pela agulha que pulava, o tempo todo apertando o pedal para movimentar a máquina. Ela era uma exímia costureira – isso era evidente!

Terminadas as três saias, ela as colocou de lado e me perguntou se eu gostava de costurar. Eu disse que sim, mas não era tão boa. Ela me deu uma agulha e um carretel de linha e pegou uma saia para eu fazer a bainha. Tentei fazer o melhor possível, mas eu levaria no mínimo uma hora para terminar o trabalho. Amma não parecia estar com pressa e me observava com atenção. Por meio de um tradutor, ela comentou que uma agulha custava apenas alguns *paisa* e era um produto insignificante, mas se a deixássemos descuidadamente em qualquer lugar quando terminássemos a costura, alguém poderia pisar nela e virar então um grande problema. Embora algo pareça insignificante, nós devemos sempre ser cuidadosos e ter consciência, caso contrário, algo pequeno pode se tornar algo grande. Amma estava me ensinando o ABC da espiritualidade, mas eu seria capaz de aprendê-lo?

PEREGRINAÇÃO AO ASHRAM DE KANVA

O bibliotecário do *ashram* naquela época era um ocidental que tinha alguma relação com a pessoa que cuidava do famoso *ashram* de Kanva, perto de Varkkala, no centro de Kerala. Amma sugeriu que fôssemos lá em peregrinação com todos os residentes do *ashram*. Assim, nós nos acomodamos em um ônibus fretado e partimos. Minha primeira peregrinação espiritual com a Amma! Ao chegarmos, nosso quarto já estava alugado. Todas as moças ficariam com a Amma e todos os demais ficariam em outro lugar. Que boa sorte, por uma vez, ser uma moça! Depois, fomos cortar legumes e ajudar em algumas tarefas pequenas.

No final da tarde, nos reunimos perto do lago de *tirtham*.

A Amma usava um sári amarrado no pescoço e o cabelo em um coque no topo da cabeça. O próprio Senhor Shiva: sempre tinha essa impressão quando a Amma se vestia assim. Totalmente cativante. Sentamo-nos todos para uma bela e longa meditação. O ambiente era tão propício que nem mesmo um macaco poderia

59

Kanva Ashram, Tirtham Pond

resistir a mergulhar no silêncio. Alguns petiscos e leite com água foram distribuídos enquanto permanecíamos sentamos em um estado de tranquilidade pós-meditação, sem necessidade de falar. Amma falou com uma voz suave e tênue por um tempo, mas não houve tradução. E não havia necessidade, pois eu estava tão contente só por desfrutar do tom de sua voz e do suave brilho que a envolvia, enquanto o crepúsculo se anunciava. Lembro-me que cantamos *bhajans* ali, seguidos de um jantar simples de *kanji*, antes de dar a noite por concluída. Uma hora antes do amanhecer, fomos despertados para o *archana* por um sino. Amma estava deitada, mas não dormia. A saída para as orações pareceu não perturbá-la, embora em todo caso eu tenha sido tão silenciosa quanto um rato.

O dia transcorreu como o anterior, com muitas oportunidades para meditar, ler *Vedanta*, escrever no meu diário e ajudar com as verduras e lavando a louça. Contudo, à tarde, ocorreu algo fantástico. Amma chamou as moças para nadar. Seríamos nós três mais a Amma. O local escolhido para era uma grande lagoa não muito distante dali. Naquela época, não tínhamos uma roupa apropriada para o banho, então usávamos nossas anáguas e as prendíamos no ombro de um lado. A Amma tinha uma combinação completa, que era muito mais conveniente. Entramos bem devagar na água, para não agitar o fundo da lagoa. Ela era profunda, portanto, tivemos que ficar nas pontas dos pés. Em seguida nadamos um pouco, juntando-nos umas às outras, de forma a dar espaço para Amma fazer o que mais a relaxava, que era flutuar na postura de lótus olhando para o céu. Depois de um momento, a Amma pediu-nos que déssemos a mão umas às outras e que nadássemos em círculos, o que era bastante difícil; mas ela queria que conseguíssemos. Ela continuava dizendo:

- Meus três cisnes, os três cisnes brancos da Amma!

Foi um lindo momento de irmandade para mim.

Então, abruptamente, Amma mudou de humor e nos pediu para sairmos da água. Ela realmente insistia muito, por isso nadamos de volta até a borda da lagoa e saímos desajeitadamente. O que vimos quando nos voltamos para olhar a lagoa nos fez tremer. Que imagem! Havia cobras nadando em nossa direção – muitas delas. Uma ninhada delas, ao que parecia, vindo comer os cisnes da Amma. Não podíamos crer, mais uma vez a Amma havia nos salvado!

PEREGRINAÇÃO A KANYA KUMARI

Meu visto expiraria em um mês, e meu dinheiro estava acabando. Então, escrevi para meu avô e perguntei se ele poderia me enviar um pouco mais. Ele sempre era generoso comigo, e uma semana depois, chegaram U$ 300,00. A essa altura, meu pensamento sobre dinheiro já havia mudado. Eu realmente não precisava dele, melhor seria dá-lo para Amma, para o *ashram* comprar tijolos para uma pequena gruta de meditação que estavam construindo atrás do Kalari. Entretanto, quando a Amma ouviu sobre minha ideia, sugeriu que todos nós saíssemos em outra peregrinação. Desta vez, com todos os residentes e devotos que pudessem caber em um grande ônibus de turismo. Destino: Kanya Kumari!

A notícia do convite da Amma se espalhou e, alguns dias depois, subimos em um ônibus para irmos para o Sul. Compraram comida para ser distribuída como lanche durante a viagem. Os devotos prepararam pacotes de arroz com iogurte e manga em conserva em suas cozinhas e trouxeram panelas grandes para que pudéssemos cozinhar algum alimento simples na viagem. Amma era muito prática e conseguia fazer com que qualquer tarefa mundana, mesmo a mais simples, se tornasse um grande divertimento!

No trajeto pela costa, paramos para subir uma famosa trilha em uma colina chamada Maruthamalai, que serpenteava até um rochedo alto com vista para toda a costa ocidental daquela joia azul que era o Mar Arábico. Escalamos por várias horas, às vezes caminhando sobre grandes pedregulhos, por uma trilha rochosa íngreme em terrenos de mato seco até chegarmos ao topo. A Amma escalou de pés descalços o tempo todo. Vários dos homens carregavam sobre a cabeça as latas grandes de biscoitos e lanches a serem servidos no topo da colina. Eu não conseguia acreditar que fossem capazes de atravessar a trilha com essas cargas, mas pareciam sumamente felizes por terem uma tarefa tão especial.

Quando chegamos ao topo dos rochedos, a vista fez com que o esforço da escalada tivesse valido a pena. Era espetacular ver tanta costa, o pitoresco vale abaixo, e vários templos proeminentes, claramente visíveis. Uma das características deste rochedo era suas cavernas. Uma delas estava bem próxima do lugar por onde havíamos subido e tinha uma pequena porta de madeira trancada com um grande cadeado. Eu estava bem perto da Amma segurando o abanador e a toalha de rosto, como de costume.

Então, a Amma fez um truque incrível. Eu não sei se alguém pôde ver ou se chegou mesmo a observar quando a mão da Amma se moveu com rapidez e roçou o cadeado por uma fração de segundo. Em seguida, ela se virou para um devoto e pediu:

– Filho, pode tentar abrir esse cadeado?

Quando ele segurou o cadeado, este simplesmente se abriu como se alguém tivesse se esquecido de fechar a trava para assegurá-lo. Esfreguei os olhos, pasma com esse movimento. Seria fruto da minha imaginação? Mas não por muito tempo, pois a Amma já havia entrado na gruta e se acomodado para um *bhajan* e uma rápida meditação. Alguém morava na gruta, o que ficou evidente pela roupa de cama, os livros das escrituras e uma pequena escrivaninha bem organizada, perto de um altar simples que, por seu aspecto, devia ser usado para meditação e *puja*. De alguma forma, parece que todos puderam caber ali dentro, muito

embora houvesse pessoas demais para um espaço tão pequeno. Amma cantou *"Mano Buddhyahamkara"* e depois ficou sentada em silêncio, como todos nós, por uns momentos. Alguém trouxe flores e água para Amma, de onde eu não sei, talvez já estivessem na gruta? Os monges recitaram mantras e a Amma abençoou o altar jogando pétalas de flores e espargindo água benta por todo o interior da gruta.

E assim saímos da gruta. Amma pediu a um dos devotos para se assegurar de que a porta ficasse fechada em segurança atrás de nós. Eu adoraria ver a expressão do ocupante da gruta quando retornasse mais tarde naquele dia para descobrir que alguém lhe havia feito uma "visita".

Ao chegar a Kanya Kumari, Amma enviou alguns de nós numa barca instável em direção à rocha até onde *Swami* Vivekananda havia nadado quase 100 anos antes. Foi ali que ele recebeu sua visão da Divina Mãe, cuja pegada na rocha pode ser vista até hoje. Foi aqui, aos pés da Mãe Índia, que Mahatma Gandhi, entre muitos outros, teve suas cinzas dispersadas na confluência dos "três mares". Existe uma crença forte de que, na extremidade da Índia, a Divina Mãe estará sempre presente, sob alguma forma, embora algumas vezes seja difícil de ser identificada. Uma lenda viva dessa época, Mayi Amma, vivia ali e acreditava-se que ela era essa alma.

Mayi Amma era muito, muito idosa. Ninguém sabia sua idade exata, pois ela fora encontrada nas redes de pesca dos pescadores locais em uma tarde, há alguns anos. Deram-na por morta, mas quando trouxeram o corpo para a praia, ela reviveu, levantou-se e saiu andando. Seus assistentes eram uma matilha de cães, que ficavam sempre vigilantes enquanto ela mantinha uma fogueira acesa na ponta da Índia por horas e horas, dia após dia. Ela raramente falava e morava na praia, em uma casinha com um dormitório, aparentemente sem meios de subsistência. Muitas vezes ela podia ser vista nadando nas águas turbulentas do mar até um rochedo distante ou deitada ao sol durante horas.

Amma queria visitá-la, então todos andamos a curta distância até sua cabana. Um pouco antes de entrarmos, uma câmera foi posta em minhas mãos e alguém disse:

– Tire uma foto.

Eu não tinha nenhum talento especial para fotos nem desejava tirar uma foto, mas o pedido foi tão insistente que entrei e procurei pelo melhor ângulo para tirar uma foto. A sala era simples e limpa. Mayi Amma não era idosa, era ancestral. Sua pele tinha o tom escuro do couro enrugado. Ela estava repousando em uma cadeira com as pernas estendidas sobre umas tábuas que haviam sido colocadas na lateral desse estilo de cadeira para esse propósito. Ela trajava um vestido de pescadora, um tecido simples preso como uma saia e somente um xale cobria a parte superior do corpo. Os cabelos brancos estavam bem penteados e sobre a cabeça descansava uma única flor de jasmim branco. "Como a flor se mantinha ali?", pensei comigo mesma.

Amma sentou-se em uma caminha bem perto da cadeira de Mayi Amma. O ambiente era extraordinário, sublime. Nós ficamos em pé, silenciosamente espalhados pelo quarto, seis ou oito de nós, acompanhando a cena. Fiquei paralisada em um local à direita de Mayi Amma, de frente para a Amma, segurando desajeitadamente a câmera em minhas mãos e com a boca muito seca. Como eu poderia ter a coragem de "tirar uma foto" e perturbar a perfeição do momento? Então, simplesmente fiquei ali como um pilar. Algum tempo se passou e a Amma estava brilhando com uma suave luz azul e certo sorriso que eu nunca havia visto. Um pensamento ao acaso passou pela minha mente: "Afinal quem será essa anciã?" E no momento exato em que o pensamento foi concluído, Mayi Amma virou-se e me olhou direto nos olhos. Estava claro que ela tinha ouvido meu pensamento! Minha respiração

Amma com Mayi Amma

ficou presa na garganta enquanto eu recebia o olhar dela. Que olhos incrivelmente claros e bonitos! Em seus olhos, que eram de um azul profundo e incongruente, eu vi o mar. O vasto mar turbulento agitando-se e vivendo nos olhos dela. O tempo ficou suspenso naquele momento e senti a bênção de seu *darshan* me lavar como uma onda. Ela interrompeu o longo olhar, depois daquilo que me pareceu uma eternidade, embora provavelmente tenha sido apenas um momento desde quando ela se virou para mim. Então, eu agi. Tirei a foto sem pensar. Ela não pareceu se importar ou notar. Depois, tirei mais uma com ela e a Amma no foco, uma olhando para a outra.

A CURA DE UMA CRIANÇA

Para contar a história de uma cura poderosa que recebi da Amma um pouco antes de minha partida, preciso primeiro contar a história de minha difícil infância. Nasci em Chicago, de pais jovens. Minha mãe havia deixado a Northwerstern University para se casar com meu pai, seu namorado na faculdade, que era um rapaz popular de classe alta e jogador de futebol. Mudamo-nos para Washington DC logo após eu nascer, para que meu pai pudesse trabalhar como jornalista no "Washington Post". Ele abandonou minha mãe e a mim antes que eu completasse quatro anos. Uma noite, ele simplesmente não voltou para casa. Minha mãe teve que se reorganizar rapidamente, pois ela não tinha família nem suporte financeiro em Washington DC. Mudamo-nos de volta para Pittsburgh, para morar com meus avós.

Era o ano de 1963 e o divórcio ainda era visto com desdém. Vivíamos em um bairro tranquilo, com cerca de seis famílias vivendo nas imediações. Famílias tradicionais. Deve ter sido difícil para minha mãe se adaptar ou fazer amigos, dadas as nossas circunstâncias. Lembro-me de um feriado de 4 de Julho. Todas as crianças da vizinhança tinham adornado as bicicletas para que pudessem ter uma parada de Dia da Independência em nossa rua e, em seguida, participaríamos de um piquenique no bairro. Passei a manhã toda preparando minha bicicleta, mas, quando chegou a hora de sair, não consegui encontrar minha mãe no meio da multidão. Então, corri de volta à casa de meus avós para pegá-la. Ouvi que ela não poderia ir à parada por algum motivo que não fazia sentido, e eu tive que correr de volta e pedalar sozinha até conseguir alcançar e acompanhar os outros. Somente anos depois entendi que minha mãe não se sentia confortável nem era bem recebida naquele grupo de famílias. A nossa família era "diferente", sem um pai. E isso me tornou vulnerável.

O que me traz de volta ao ponto que eu queria abordar. As crianças sempre brincavam numa área arborizada atrás da casa de meus avós ou no quintal de uma das famílias. Era um bairro seguro, todos se conheciam. Atrás da casa de uma das famílias havia uma casinha de brinquedo onde passávamos muitos dias nos divertindo. Embora eu tivesse apenas cinco anos, deixavam-me sair para brincar, contanto que eu estivesse em casa na hora do jantar.

Uma tarde, quando saí para brincar, ainda não havia chegado nenhuma criança. Talvez ainda estivessem tirando uma soneca ou tivessem saído com suas famílias. Indo na direção da casinha de brinquedo, notei dois garotos maiores, que eu não conhecia. Fiquei brincando na areia, contente, esperando que as outras crianças chegassem. Chuckie K. era um pouco mais novo do que eu, seu irmão C. era maior. Ele devia ser adolescente, pois nunca brincava com as crianças. Ambos vieram ao quintal e C. começou a conversar com os garotos mais velhos, que apontaram na minha direção. Eles se aproximaram de mim e disseram que iam brincar na casinha e perguntaram por que eu não ia junto. Então eu fui, é claro – brincávamos sempre ali.

Mas aquela não era uma brincadeira. Assim que entramos, a porta foi fechada. Os dois garotos que eu não conhecia também entraram. Eles estavam rindo e sendo bastante rudes, empurrando uns aos outros. Um deles começou a me dar ordens. Eu comecei a chorar, mas eles me jogaram no chão. Então, eles fizeram o que nunca deveria ser feito a ninguém. Eu fiquei apavorada. Gritava e chorava. Depois, eles correram e me deixaram ali soluçando. Consegui voltar para casa, mas eu estava um desastre.

A empregada da minha avó, Mary Abloff, estava passando roupa quando cheguei em casa. Ela me olhou e logo soube que algo havia acontecido. Ela me limpou, mas não disse nada. Quando minha avó chegou da cidade, ficou zangada porque eu havia perdido meu chapéu:

- Onde está?

- Eu não sei. Talvez na casinha de brinquedo - balbuciei.

- Vá encontrá-lo, é novo em folha!

Comecei a chorar novamente. A empregada disse que iria procurar o chapéu comigo. Ela pegou minha mão e em silêncio me levou ali outra vez. Meu chapéu estava dentro da casinha, mas não havia ninguém. Eu não disse nada, de tão traumatizada que estava. Levei muitos anos para conseguir recordar completamente o sucedido e aceitá-lo, quando moça.

Eu dou o crédito à Amma pela cura final do meu trauma por aquele ataque. Um dos mais profundos momentos que tive com a Amma foi quando ela contou essa história para mim. Eu nunca havia contado essa história a ninguém, nem mesmo à minha própria mãe.

Amma havia me chamado para me sentar com ela dentro do *Kalari*, na tarde anterior à minha partida para os EUA, porque meu visto havia expirado. Amma começou dizendo que eu tinha um coração inocente. Disse também que, quando cheguei, eu era uma sonhadora e que nos últimos seis meses eu havia me tornado muito séria a respeito da espiritualidade. Disse que estava feliz por eu desejar voltar para morar no *ashram*. Uma carta de recomendação me seria dada para que eu pudesse retornar permanentemente. Meu coração estava muito aberto para a Amma. Ela estava me dando tudo o que eu desejara.

Então, do nada, ela mudou de assunto. Referindo-se aos meninos que me machucaram quando eu era uma garotinha, Amma disse que eles fizeram algo muito errado e que sofreram por isso. Mas ela disse que, de alguma forma, eles deveriam ser perdoados. Disse que o passado é um cheque cancelado, senão, o que havia acontecido no passado arruinaria nossa mente, simplesmente nos arrastaria e nos destruiria.

Ao ouvir a tradução, fiquei estupefata. Concordei com a cabeça, porque sabia que aquilo que a Amma estava dizendo era completamente verdadeiro. Naquele momento, também entendi plenamente que a Amma sabe tudo a nosso respeito, mas só revela o que for absolutamente necessário. Como no caso da cura do leproso, Amma não tem interesse em levar o mérito por nada que ela faça ou por quaisquer poderes que tenha. Não existe absolutamente nenhum traço de ego nem interesse pessoal no que se refere à Amma, nem mesmo um ínfimo traço. Se ela faz algo, é por alguma boa razão, uma razão cósmica. Ela é a própria graça pura.

Ela me segurou em seus braços por um longo momento e me acariciou as costas com a mão. A lembrança vívida que me acompanhara desde que eu tinha cinco anos passou bem nítida em minha mente, como tantas vezes antes, mas pela primeira vez não me deixou em pânico. As imagens, os gritos e a vergonha surgiram e desapareceram. Eu sabia que o *sankalpa* (divina intenção) da Amma era para que eu finalmente ficasse livre. Relaxei e me entreguei ao seu abraço e me permiti ser curada. O pesadelo acabou.

E mais uma vez, quem pode fazer algo assim? Quem pode conceder a redenção? Quem pode definitivamente "resolver" os eventos em nossas vidas e nos libertar deles? Como no caso do leproso, a manifestação de puro amor superou qualquer obstáculo biológico à regeneração do tecido. Quem fica maravilhado somos nós, os curiosos espectadores. A Amma não reivindica nenhuma fama ou glória. No caso do abuso sexual que sofri, a pura graça curativa foi transmitida instantaneamente; mas o amor divino veio primeiro. Qualquer impossibilidade se torna possibilidade quando segue os passos do Amor Divino. Quem pode conseguir isso? Somente Deus, e digo sem hesitação. Na história de vida da Amma, vi isso demasiadas vezes.

Uma das partes mais inspiradoras da tradição espiritual indiana é aquela que admite que Deus se manifesta sob a forma humana para dar consolo e direção àqueles que sofrem e O chamam. Há uma palavra em sânscrito exclusivamente para nomear esse fenômeno, *avatar*. Por que Deus deve ser relegado ao céu para governar a existência humana a partir de um trono distante? Amo a ideia de Deus vindo à Terra e se movendo entre nós em um corpo humano. Faz sentido para o meu coração.

CAPÍTULO 3

Esperando com impaciência

Foi difícil aterrissar em São Francisco, foi realmente difícil. Senti um profundo choque cultural, embora houvesse passado apenas seis meses. Mas naqueles meses incríveis, tudo havia mudado. Agora eu tinha a impressão de que os Estados Unidos eram o país estrangeiro.

O consulado da Índia em São Francisco aceitou meu pedido para um visto de entrada, mas deu apenas respostas evasivas quanto ao tempo que levaria para emiti-lo. Os documentos seriam enviados para Déli e de lá seriam encaminhados para Kerala, para serem verificados. Não, eles não podiam dizer quando eu teria uma resposta. E não, eles não queriam ficar com meu passaporte, ele deveria ser enviado quando o visto fosse aprovado. Não, definitivamente não compre ainda uma passagem de avião. Por favor, não nos telefone, nós telefonaremos a você.

Retornei ao Novo México. Em uma semana, eu havia encontrado um apartamento barato e um emprego de cozinheira em um restaurante. Enquanto eu erguia um altar para minhas meditações e colocava o colchão no chão para dormir, senti-me envolvida por uma onda da Amma. A sensação era de que tudo ficaria bem. Assim, decidi aproveitar ao máximo a minha estada no Novo México. A Amma havia enfatizado que estaria comigo sempre, o mínimo que eu podia fazer era seguir com minha prática, da melhor forma que pudesse.

A recordação de um incidente que havia ocorrido cerca de uma semana após encontrar a Amma me ajudou. Eu havia aprendido com um dos residentes do *ashram* que a iniciação na prática

73

do mantra é chamada de *mantra diksha* e é realizada pelo guru. Eu estava incerta quanto ao meu mantra naquele momento, por ter recebido o meu mantra no Rio Colorado! Então, uma manhã, perguntei à Amma se ela podia me dar um mantra, sem mencionar que eu havia recebido um por terceiros. Amma deu um risinho discreto rapidamente, quando traduziram meu pedido e disse:

– Mas você já recebeu um mantra da Amma, não recebeu?

Amma era toda consciência, o tempo todo! Situações como essa aconteciam constantemente ao seu redor, e a certa altura, parecia ridículo continuar dizendo "Que coincidência!". Melhor aceitar a onisciência da Amma.

A lembrança desse incidente, e de outros semelhantes, manteve firme a minha fé enquanto esperava pela chegada do meu visto.

Dessa forma, precisava ganhar dinheiro para meu retorno. Eu pegava qualquer turno extra que aparecesse no restaurante e me inscrevia em todo treinamento que era oferecido para melhorar minha qualificação e ganhar um aumento. Todos nós sabemos que cozinhar em um restaurante implica em longas horas e trabalho árduo por um salário baixo, mas pelo menos podia ganhar um valor razoável trabalhando 40 horas ou mais por semana. Eu poderia ter mudado para uma cidade e ter conseguido um trabalho compatível com meu diploma universitário, mas eu queria ser como um pássaro pousado em um galho, pronta para voar no momento em que o visto estivesse pronto. Não queria ficar emaranhada na vida urbana e nas exigências de uma carreira. Minha prioridade era ganhar dinheiro suficiente para voltar para a Amma; enquanto isso, aguardaria a chegada do momento oportuno vivendo no meio da natureza abundante do Novo México.

Naturalmente, contei a todos os meus amigos que eu havia encontrado a Mãe Divina e sobre todas as coisas maravilhosas que ocorreram no ano anterior. O que pensavam exatamente da minha experiência não me importava. Minha fé agora estava na Amma e não dependia do que os outros pensavam. Há um lindo templo de Hanuman em Taos, Novo México, fundado por Ram Das e pelos devotos de Nim Karoli Baba. Eu ia lá e mantinha contato com outros que seguiam o caminho do amor. Eles cantavam *kirtans* (canções devocionais) e o *Hanuman Chalisa* lindamente, e o templo se tornou um lugar onde eu podia relaxar e estar em paz. "Como seria bom se a Amma pudesse ter um lugar como este aqui nos EUA", pensei.

Meu primeiro cheque de pagamento chegou, e eu já havia decidido o que fazer com ele. Imediatamente pedi ao funcionário do banco que fizesse um cheque de U$1.008,00 em nome da M.A Mission. De lá, fui ao correio, e ali escrevi o endereço da Amma no envelope com a mão levemente trêmula. Será que o envelope chegaria até o *ashram* sem ser roubado no caminho? Era quase tudo que eu tinha na conta. Era o preço de uma passagem aérea de retorno. Mas meu aluguel estava pago, eu tinha um pouco de mantimentos na despensa e estava determinada a oferecer meu primeiro pagamento. Ser capaz de ajudar o *ashram* em qualquer coisa que fosse necessária seria um grande consolo para mim, enquanto aguardava. Paguei um pouco mais para registrar a carta e a enviei. Quando saí do correio, uma sensação de estar flutuando invadiu meu coração!

Uma semana depois, aconteceu a coisa mais estranha. Eu também recebi uma carta registrada! De meu avô. Ele escreveu que, desde que retornei da Índia, ele estava pensando em mim e que ele achou que talvez pudesse me ser útil mandando um pouco de dinheiro para meu recomeço. Dentro havia um cheque de mil dólares.

E assim, muito lentamente o tempo passava; todo mês eu entrava em contato com o consulado da Índia. A cada vez, não havia mudança no status de "pendente" do meu visto. Eu havia separado o dinheiro para a passagem aérea e tinha mais do que suficiente para viver. O secretário do *ashram* me escreveu confirmando ter recebido meu presente, mas acrescentou que a Amma não queria que eu fizesse isso de novo. Ela queria que eu depositasse o dinheiro em uma conta poupança. Eu poderia precisar dele, disse ela. Logo eu estaria retornando e, com a poupança, poderia fazer frente a quaisquer despesas imprevistas. Considerando os parcos recursos que o *ashram* tinha, era comovente a preocupação da Amma com meu bem-estar, sozinha nos EUA, longe de minha família. Por certo ela não estava interessada no dinheiro, isso estava claro. Então, abri uma conta poupança para depositar o que sobrava de meu pagamento.

Seis meses haviam se passado e minha impaciência estava aumentando. Meu *sadhana* não era nada comparado com estar na presença da Amma, e eu podia sentir o mundo me desgastando. Tive muitos sonhos especiais com a Amma: um sonho em que eu massageava seus pés, outro recebendo um longo abraço de *darshan* e, em outro, nadávamos juntas em um rio... Mas não era suficiente. Meu coração estava cheio de uma saudade dolorosa.

Então, a Amma me escreveu. Ela me incentivava a voltar, mesmo que fosse com um visto de turista. Dentro do pacote que ela me enviou havia uma das suas toalhas de rosto de linho. Segurar sua toalha de rosto teve o efeito de um salto na memória. Minha mente começou a ponderar a possibilidade do que significaria retirar meu pedido de visto de longa duração, um visto pelo qual eu havia esperado por meses. O Consulado da Índia não permitia que os dois vistos fossem solicitados. Se fosse requerido um visto de turista, isso significaria o cancelamento do outro pedido. Fiquei em dúvida. Amma havia sido muito clara, mas a ideia de ter que retornar aos EUA depois de outra "visita" de seis meses me parecia demasiado insuportável. Enquanto eu estava refletindo sobre a decisão a tomar, aconteceu algo que tornou tudo perfeitamente claro.

MOLHO DE AMEIXA ROXA

Certa tarde, no restaurante, eu estava preparando um molho de ameixas para o jantar. O molho era feito de frutas frescas e tinha que ser fervido por mais de uma hora, até engrossar. Depois, eu passava o molho brilhante de cor púrpura em um processador, que o deixava perfeitamente liso. Enquanto eu estava processando o molho, a tampa do aparelho voou longe e o molho fervente foi lançado no meu rosto. Eu caí no chão com o impacto do molho fervente, e os meus colegas vieram rapidamente me ajudar. Só de olhar para mim eles viram que o aspecto estava preocupante. Fizeram uma grande bolsa de gelo e a colocaram sobre meu rosto. Uma ambulância foi chamada e eles me levaram ao hospital imediatamente. Quando chegamos à sala de emergência, eu havia entrado em choque. Um colega havia me acompanhado, o que foi bom, pois eu não conseguia nem falar direito. A dor era terrível. Ele explicou para o médico de plantão o que havia acontecido, enquanto eles retiravam cuidadosamente o pacote de gelo. Da forma que meu amigo me olhava e pela expressão séria no rosto do médico, pude ver que a situação era crítica. Pediram morfina, e fui levada em uma maca para a sala de exame. Chamaram um especialista. Depois de me examinar, o médico disse que eu tinha queimaduras de terceiro grau em grande parte do rosto, mas que o molho fervente havia parado milagrosamente a pouca distância dos olhos, de forma que a visão não havia sido ameaçada. Ele disse que eu ficaria bem, mas que muito provavelmente eu precisaria de uma cirurgia plástica, e que havia um risco real de infecção. Assim, nos próximos dias, a queimadura teria que ser tratada com cuidado meticuloso para evitar quaisquer complicações. Ele me veria em uma semana e me mandaria para casa.

Essa mudança nas circunstâncias me deixou atordoada. Como cada momento da vida, cada momento de saúde era precioso! Quantas coisas eu havia considerado como garantidas. Eu estava prestes a decidir se tirava ou não um visto de turista, e agora isso me parecia um luxo. Minhas esperanças haviam se despedaçado. Eu cerrei os dentes para não chorar. As lágrimas não beneficiariam minhas queimaduras, e meu espírito tinha que ser forte, independentemente do que acontecesse. Poderia ter sido pior, lembrei a mim mesma; minha Amma onisciente poderia não ter me enviado a toalha de rosto antes do acidente!

Quando voltei para casa, tirei o curativo cautelosamente. Recusando-me a olhar no espelho, coloquei a linda, perfeita toalha de rosto da Amma sobre meu rosto queimado. Apoiada sobre travesseiros, adormeci com o mantra da Amma em meus lábios e uma intensa prece no coração. Aquela semana passou de modo meio confuso. O médico havia me dado um creme especial para queimaduras, mas era horrível esfregá-lo sobre as feridas. Na realidade, era difícil usá-lo porque era muito espesso e doía terrivelmente esfregá-lo sobre a queimadura. Então, eu me ative apenas à consoladora toalha de rosto. E esperei pela consulta de retorno. Eu estava decidida a permanecer firme durante todo o processo. Para conseguir isso, eu pensava o menos possível, recitava meu mantra constantemente e não me olhava no espelho.

A VIDA A GALOPE

Naquela altura, a vida disparou como um cavalo galopando de volta para o estábulo ao entardecer. A consulta com o médico começou com ele me perguntando se eu era a mesma pessoa que ele havia visto na sala de emergência uma semana antes. Não compreendendo o motivo de sua pergunta, assenti com a cabeça. Ele se sentou e aproximou sua cadeira para examinar meu rosto.

– Como é possível? Nunca vi uma recuperação como essa! O que você fez?

Eu não pude explicar muito bem a situação exata, mas disse que o creme era muito espesso para ser usado, então eu havia mantido o ferimento limpo segundo as instruções dele. Tudo o que eu havia feito foi deixar a queimadura exposta e colocar um pano de linho suavemente sobre ela para protegê-la. Ele olhou para mim com total incredulidade, mas o que ele poderia dizer? Ele finalizou o exame e explicou que, no futuro, a pele naquela área seria sempre sensível ao sol. Disse também que, com o passar do tempo, ela poderia desenvolver um rosado ali, porque todos os vasos capilares estariam se regenerando em uma idade adulta e não desde o nascimento, daí eles ficarem mais realçados. Ele me disse que eu era uma jovem com muita sorte. Ele não tinha ideia do quão abençoada eu realmente era!

Então, por mim, estava decidido. Ao retornar ao meu apartamento, liguei para o Consulado da Índia. Um visto de turista seria suficiente. Eu não podia esperar mais. Após um interminável tempo de espera, o funcionário voltou ao telefone e parecia estar um pouco confuso. Por que eu estava pedindo por um visto de turista quando meu visto de longa duração havia sido aprovado alguns dias atrás? Eu não queria enviar o passaporte? Peguei uma cadeira para me sentar, pois estava me sentindo um pouco atordoada. E foi assim que eu voltei para a Amma!

Uma pausa das tarefas da cozinha

CAPÍTULO 4

Mergulhando fundo!

Alegria. Uma palavra diz tudo. Quando retornei ao *ashram,* tudo parecia estar se encaixando no devido lugar. Parte do motivo para essa impressão foi que meu acidente aumentou minha determinação. Ajudou-me a ver como a vida era fugaz, como era efêmera. Vi claramente que esse momento com a Amma era tudo o que eu tinha. Meu visto de entrada de "longa duração" era válido apenas por um ano, e embora pudesse ser prolongado, esse tempo era precioso e eu pretendia aproveitá-lo ao máximo.

Todo o dinheiro que eu havia poupado com meu trabalho, que era uma soma considerável, eu o ofereci à Amma. Ela recusou cada centavo, insistindo para que eu abrisse uma conta poupança em Vallikkavu, um vilarejo do outro lado do canal. Resisti um pouco, mas acabei concordando, sob a condição de que, se o *ashram* realmente precisasse de alguma coisa, eu queria ajudar. Meu quarto seria na fileira das cabanas feitas de folhas de coqueiro na esquina noroeste do *Kalari.* O estilo local de cabanas feitas de coqueiro é uma estrutura retangular feita de esteira de folhas de coqueiro trançadas e unidas entre si com um cordão grosso. A estrutura da cabana à qual se atam essas esteiras trançadas é feita de bambu. Viver em uma dessas cabanas havia sido um sonho que eu acalentava, mas que nunca havia manifestado. Até esse momento, eu havia ficado em um quarto na casa da família da Amma. Outra coisa que Amma fez foi ajustar minha rotina diária para ficar mais equilibrada. Em vez de oito horas diárias de meditação e três horas de *seva,* essas duas proporções foram invertidas.

ARANHAS E COBRAS

A cabana de folhas de coqueiro não tinha ventilador e o tamanho era suficiente apenas para duas esteiras de palha. Era o céu! Naqueles dias, o *ashram* era rodeado em três lados pelos remansos, e essa fileira de cabanas estava na borda oeste da lagoa. Olhando para fora da janela, eu podia ver famílias de patos nadando, pessoas nas canoas, cobras d'água, tartarugas e sapos. Frequentemente eu via cobras deslizando através das vigas da cabana. Entretanto, eu achava que ali era tanto a casa delas quanto a minha, por me sentir tão próxima da natureza, vivendo naquela cabana. Elas não estavam me incomodando, então, por que eu iria impedi-las de ir aonde quisessem?

Certa noite, retornei muito tarde à minha cabana. Faltavam apenas algumas horas para o *archana* começar, e eu queria dormir pelo menos um pouco. Olhando para a parede dos fundos, que também era feita de esteira de folhas de coqueiro trançadas, notei uma aranha saltadora, grande e venenosa. Era difícil de ver porque ela se misturava perfeitamente com a esteira de folhas de coqueiro. Então eu vi que havia duas delas. Não... Na realidade, eram três. Ou melhor, quatro... cinco... parei de contar. Decidi ir dormir. Eu temia que, se tentasse atacá-las com alguma coisa, todas pulariam sobre mim. E eram em número muito maior. Pensar mais sobre isso só geraria mais ansiedade. Havia a possibilidade de eu ter dormido tranquilamente ali com elas todas aquelas semanas, sem nunca tê-las notado. Se fosse meu destino ser mordida e morta por venenosas aranhas saltadoras, então, golpeá-las só aceleraria meu falecimento. Ou ia acontecer ou não ia. Assim, o melhor seria eu dormir um pouco.

Dormi sem problemas, sabendo que a Amma cuidava de mim. Ao recordar disso, admiro-me pela autoentrega que eu manifestava naqueles primeiros dias. Naturalmente, a Amma não sugeriria que nos expuséssemos a situações de risco, se pudéssemos ver claramente que estávamos em perigo. Afinal de contas, é Deus que nos dá a capacidade de ver o perigo e o discernimento necessário para evitá-lo. Mas em minha fé inocente, eu sentia que a Amma cuidaria de tudo. E ela cuidou. Acordei na manhã seguinte bem a tempo de ir ao *archana*. Mais tarde naquele dia, quando contei para minhas irmãs espirituais sobre as aranhas na cabana, elas me ajudaram a tirá-las dali. Posso dizer que elas não sabiam se riam de minha insensatez ou se ficavam impressionadas com minha fé. Por fim, elas se decidiram por ambas as coisas.

A COZINHEIRA DO ASHRAM

Alguns dias após minha chegada, Amma me pediu para eu ser a cozinheira do *ashram*. Que honra incrível, eu pensei. Devo ter levado uns dez mil nascimentos para ganhar aquele *seva*! Uma jovem garota indiana que havia se integrado ao *ashram* também ajudaria. A cozinha ficava dentro da casa da família e a comida era preparada sobre queimadores abertos, que eram acesos em balcões profundos e largos com chaminés embutidas. As panelas eram colocadas sobre blocos de pedra, que podiam ser cuidadosamente ajustados de acordo com o tamanho delas. Em meu primeiro dia, Damayanti Amma, a mãe da Amma, veio me ensinar como acender o fogo de forma apropriada. Ela começou por demonstrar um simples *puja*, oferecendo o primeiro pedacinho de coco branco fresco às chamas, a oração e o ritual de espargir a água. Ela era realmente severa. Mostrou-me como fazer a primeira varredura do chão de manhã, antes de o sol nascer. Como esfregar o chão da cozinha à mão. As panelas eram para ser guardadas de uma forma específica. A água devia ser mantida pura. Os pedaços de pau para mexer a comida nas panelas deviam ser muito bem cuidados. Como ela não falava inglês, a minha sessão de treinamento certamente teria sido uma cena divertida, se alguém estivesse assistindo.

Assim, meu dia começava às 4h30 com o *archana*, depois eu ia para a cozinha antes das 6 horas. Em dias de *Devi Bhava*, a hora de recolhimento era 2 horas da manhã ou mais tarde, ocasionalmente à meia-noite. Não havia café nem chá. Leite fervido diluído em água em partes iguais e uma generosa porção de açúcar eram servidos duas vezes por dia. Se eu fosse chamada para ficar no apartamento da Amma para prestar ajuda, significava que eu só dormiria umas poucas horas. E a Amma nunca "dormia" realmente, era mais um descanso do corpo. Ela estava sempre presente e alerta, mesmo quando descansava. Uma noite, ela nos despertou para dizer que uma família havia atravessado o canal e não conseguia encontrar o caminho para o *ashram* no escuro. Portanto, devíamos ajudá-los a encontrar um lugar para ficar. De fato, lá estavam eles, serpenteando pelo caminho, olhando de um lado para o outro, sem ter ideia de como localizar o *ashram* da Amma, que não era mais do que a casa da família dela e o terreno a sua volta.

Mas estou divagando. Chegando à cozinha um pouco antes do amanhecer, o dia de trabalho começava com uma limpeza rápida, um breve *puja*, um momento dedicado a me centrar e acender o fogo. Repartir o arroz. Separar o grão da casca, em uma grande cesta feita para esse fim. Lavá-lo cuidadosamente, para não perder nem um único grão. Nem um grão sequer podia ser deixado de lado, isso seria um pecado que traria má sorte. Quando o arroz começava a ferver, era preciso adicionar água quente, de outro recipiente, não água fria, que causaria reumatismo.

Se houvesse cocos, tínhamos que raspá-los sobre um banquinho específico – um banquinho estreito com uma protuberância pontuda e afiada na extremidade superior. Lembrando um pouco meus dias de leiteira, a força dos antebraços era o fator decisivo para cortar em pedacinhos dez cocos rapidamente.

O desjejum era preparado para 25 residentes ou mais. A contagem de refeições do dia era informada em algum momento no meio da manhã, mas geralmente o almoço era para 50 pessoas. O jantar, nas noites de *Devi Bhava*, era para centenas de pessoas, preparado em panelas grandes o suficiente para se deitar dentro delas. Após terminarmos de servir o almoço, havia um intervalo até que começássemos a preparar o jantar. Frequentemente, o jantar nas noites de *Devi Bhava* acabava com tudo o que havia na despensa, e então, os residentes ficavam somente com um simples *kanji* sem curry para o desjejum e o jantar, até que pudéssemos comprar mais suprimentos. Algumas vezes, isso só aconteceria dias mais tarde.

O almoço sempre consistia de arroz, um curry de legumes e depois uma concha de *sambar, rasam, poullishetti* ou *paddapu dahl*. Nenhum desses pratos incluía coco. Embora crescesse por toda parte ao nosso redor, era caro demais. O curry de vegetais era cuidadosamente distribuído. Muitas manhãs me encontravam colhendo *chira* – um espinafre selvagem, em canteiros ao redor da casa da família da Amma. Levava muito tempo para haver o suficiente para ser cortado e servido como prato em um almoço. *Chembu*, ou raiz de pata de elefante, era outro alimento básico. É um tubérculo comum que irrita a pele quando está cru. Assim, antes de cortá-lo, precisávamos untar as mãos com óleo. Muito nutritivo, naturalmente, mas não muito elogiado pelo sabor. Quiabo, morinba e melão amargo nós nunca podíamos comprar. Até mesmo batatas eram um luxo. Minha experiência cozinhando no *ashram* era o oposto de minha experiência cozinhando no restaurante, durante aquele meu retorno ao Novo México. Servir aos outros sem expectativa de recompensa me dava energia! Trabalhávamos quietas, recitando nosso mantra em silêncio, esforçando-nos para seguir as orientações da Amma ao pé da letra.

Algumas vezes, os devotos traziam sacos de *chini* recém-colhida, a deliciosa variedade local da raiz de tapioca. Essa era uma refeição especial. Frequentemente a Amma vinha nos ajudar a cortá-la, como algumas vezes ela ainda faz, durante o programa de terça-feira no templo de Kali. Bananas verdes cozidas, enormes pepinos, outros tipos de raízes locais, repolhos e cenouras eram nossos alimentos básicos. Uma cebola era uma extravagância. Alho – fora de questão. Sal, naturalmente. Pimenta do reino, semente de cominho, pimenta vermelha seca, com moderação, uma pitada de assafétida, pasta de tamarindo fresco, gengibre fresco, folhas frescas de curry, sementes de coentro, sementes de mostarda e uma ou duas pimentas verdes era tudo que usávamos como condimento. A cada duas manhãs, o adorável irmão menor da Amma, Kocchupapa, agora conhecido como Sudhir Kumar, aparecia na porta dos fundos da cozinha para ver se havia necessidade de algum mantimento. Depois, lá ia ele para um mercado de verduras próximo a fim de conseguir o que precisávamos.

Foi uma época incrível, aprendendo a preparar corretamente dúzias de pratos diferentes; como aumentar uma refeição de 50 para 100 pessoas, recebendo todas as instruções em um idioma que eu realmente não entendia.

O único aparelho elétrico que tínhamos era a pedra de moer. Nos dias em que podíamos ter um prato de curry de coco, o coco fresco raspado era colocado na parte oca da pedra circular de moer. O pilão era colocado em ângulo com o almofariz e fixado no lugar. Em seguida, o motor era ligado, girando o coco com gengibre fresco e outras especiarias, dependendo do prato. Ele podia moer tudo em uma pasta espessa em meia hora, ou em uma pasta fina em 45 minutos.

Com frequência aparecia o controle de qualidade: a Amma! Ela chegava sem avisar e mergulhava o dedo na pasta para prová-la enquanto o almofariz girava. Se eu tivesse posto ali até mesmo uma minúscula cebola branca ou uma miniatura de cebola roxa, Amma perceberia o sabor. Um dente ou dois de alho, esqueça. Amma podia determinar o que havia sido colocado no moedor em um nanossegundo. Pelo menos, eu havia aprendido a recitar continuamente meu mantra enquanto cozinhava e, para a Amma, esse era o ingrediente mais importante!

Os queimadores do fogão eram um desafio por várias razões, a principal era encontrar suficiente combustível seco para queimar. A nervura das folhas de palmeira se tornou uma das minhas melhores amigas, embora tivesse que estar completamente seca para que pudesse queimar. Eu estocava todas que podia encontrar e as deixava secar. A estação das monções era especialmente desafiadora. Nunca comprávamos lenha fora, pois era demasiado cara. Uma vez uma velha árvore de madeira dura caiu e um homem veio e a cortou em pedaços de lenha. Senti como se fosse uma bênção do céu. Eu passava qualquer tempo livre procurando por pedaços de casca de coco secos, galhos, folhas de palmeira etc. Qualquer madeira, seca ou molhada, era coletada e colocada na pilha de lenha.

Damayanti Amma era uma enorme ajuda para garantir que sempre houvesse lenha. Ela sempre me informava se havia visto alguma caída por ali. Ela se dedicava com toda a alma para assegurar que todos os residentes fossem alimentados na hora, e isso significava assegurar-se de que a cozinheira teria suficiente combustível seco. Damayanti Amma sempre se mostrava gentil comigo – embora, eu imagino, ela tivesse que fazer bastante esforço para se acostumar a ter-me na cozinha. Agora que a família da Amma compreendia a missão da Amma no mundo, era incrível o que eles faziam para nutrir o *ashram* que nascia. A família estava disposta a fazer tudo o que fosse necessário pelos devotos da Amma, mesmo que isso significasse trabalhar lado a lado com alguém vindo do outro lado do mundo sem saber nada.

O segundo desafio com relação ao fogo era o calor. Todo meu corpo parecia reagir ao forte calor do fogo na pequena cozinha. Fiquei com bolhas de calor em toda parte, especialmente no rosto. Além disso, quando o arroz estava cozido, a *kanji vellum* (água do arroz) tinha que ser derramada em um recipiente menor. Isso significava inclinar a panela do arroz no ângulo certo, mantendo-a apoiada sobre os blocos que estavam sobre o fogo do cozimento. Imagine despejar quarenta litros de água de arroz recém fervida em um recipiente no chão. Não podíamos errar, seria um desastre! Ao derramar essa água, o vapor e o calor levantavam bolhas em meu corpo. Ver o que o corpo da Amma sofria para reconfortar os devotos fez com que eu não quisesse mencionar minhas bolhas e furúnculos causados pelo calor. Mas um dia, aconteceu algo que me forçou a mostrar minha condição à Amma.

MORDIDAS DE INSETOS

Sempre tomei cuidado para não matar nenhum ser vivo no *ashram*, mesmo que fosse um inseto ou uma aranha. Mas Damayanti Amma me mostrou algo que eu tinha que eliminar da cozinha se aparecesse, a centopeia venenosa. Era um tipo achatado, marrom brilhante, com cerca de sete a doze centímetros de comprimento. Contou-me que elas eram realmente más e que eu tinha que tomar cuidado com elas nas pias e na pilha de lenha. Disse também que elas eram agressivas e rápidas. Subiam pela perna da pessoa e a mordiam em um instante. Muito venenosas e dolorosas. Assim, relaxei meu padrão de não violência; se eu visse uma centopeia, isso significaria o seu fim. Provavelmente, matei duas ou três em seis meses. Sempre me senti mal por isso, mas eu justificava minhas ações compreendendo que eram pela minha segurança e dos outros, que também era importante. Uma noite, quando eu estava dormindo em minha cabana, acordei em um sobressalto, com uma sensação de beliscão em meu braço, perto da axila. O beliscão parou e eu estava começando a pegar no sono novamente quando um beliscão ainda mais forte me despertou completamente. Eu usava um *choli*, a blusa que se veste por baixo do sári; minha mão direita foi na direção do local onde a dor estava começando a se espalhar. Nesse momento eu soube exatamente o que estava acontecendo: debaixo da manga de minha blusa, apertada entre meus dedos, eu podia sentir que algo se movia – uma centopeia. Caramba! Em um instante tirei minha blusa e lá estava a miserável. Ela caiu no chão e começou a correr em direção à borda da cabana. Usei um ventilador portátil que estava perto que, com uma pancada partiu-a em dois. E juro que ela fugiu em duas direções diferentes! O vergão inflamado em meu braço já começava a se espalhar, fazendo com que a dor se irradiasse pelo braço e pelo pescoço. Coloquei a blusa e meio sári para buscar ajuda. Havia residentes descansando na lateral do *Kalari*, pois haviam cedido seus quartos para os devotos depois do término do *Bhava Darshan,* algumas horas antes. Eu os acordei porque não sabia o que fazer e não queria perturbar a Amma sem motivo. Descrevi o que havia acontecido, pedi-lhes orientação, mas todos acharam que as centopeias não eram demasiado venenosas e que eu ia ficar bem. Eles disseram que, de manhã, veriam a gravidade da mordida. Eles me deram um pouco de *bhasmam* abençoado pela Amma para passar na ferida, o que diminuiu a dor consideravelmente. Foram gentis e pacientes comigo, apesar de eu ter perturbado seu sono.

Eles estavam certos. De manhã, a mordida parecia estar bem. Apareceu um vergão duro e dolorido onde o veneno havia sido inoculado, mas, fora isso, nada de significativo. Como sou alérgica à picada de marimbondo, sei quais são as más reações às ferroadas dos insetos, mas esse não era o caso. Então, fui à cozinha para acender o fogo. Após uma hora cozinhando, não conseguia me esquecer da mordida, foi quando uma onda de adrenalina me percorreu. Parecia que alguém havia acendido um fogo na minha corrente sanguínea. Aturdida, sentei-me no chão. A mocinha indiana que me ajudava na cozinha percebeu que havia alguma coisa muito errada comigo. Ela deixou de lado a concha e me pegou pela mão para me levar até a Amma. Ela me examinou e viu duas coisas: vergões surgindo em todo lugar e um fundo de bolhas por causa do calor. Contaram-lhe o que havia acontecido na noite anterior, sobre a mordida da centopeia. O calor do fogo havia ativado o veneno e intensificado minha reação a ele, disse a Amma.

Ela chamou Damayanti Amma para levar-me imediatamente ao médico. Eu estava rezando à Amma para que minhas vias respiratórias não inchassem no caminho e se fechassem.

Ir ao médico naqueles tempos era bastante complicado. Nós saímos apressadas, cruzando os remansos por barco, andando por um caminho de terra na direção da cidade; viramos à direita ao chegar aos arrozais, na margem dos canais que se entrecruzavam em toda parte naquele tempo. Era meio-dia. O sol estava nos castigando enquanto cruzávamos a leira que separava os dois arrozais. Eu estava começando a perder a consciência, mas o medo de cair da leira para dentro do arrozal me manteve alerta. De alguma forma, um tanto cambaleante pelos arrozais, conseguimos chegar à casa do médico, cerca de vinte minutos depois.

O médico era idoso, tinha o olhar inteligente e um rosto amável, redondo. Naturalmente ,eu não conhecia a palavra em malaiala para "mordida de centopeia venenosa", mas foi suficiente desenhá-la com uma vareta na areia. Ele e Damayanti Amma imediatamente começaram a assentir com a cabeça com fisionomia grave ao reconhecerem o que viam no meu desenho na areia. O médico desapareceu dentro da casa e voltou um pouco depois com três bolas de um amarelo amarronzado do tamanho de uma bola de gude na palma da mão e um copo de água na outra. Ele indicou que eu deveria engolir uma das bolas e beber a água. Assim fiz. Tinha um sabor fresco e aromático, acre na verdade, e um pouco amargo. Ele deu as outras duas bolas de ervas para Damayanti Amma e não aceitou nenhum pagamento. Pediu-me para descansar um pouco em uma cadeira na varanda antes de voltar e, agradecida, deixei-me cair na cadeira. Damayanti Amma descansou ali perto, aproveitando a oportuna folga no calor, antes de caminharmos de volta para casa.

Para mim, o final definitivo dessa história aconteceu mais de vinte anos depois. Em 2009, durante um programa de perguntas e respostas numa terça-feira, a Amma estava recordando os primeiros dias do *ashram*. Embora eu nunca tenha comentado com ela sobre as bolhas causadas pelo calor, ela mencionou o quanto a cozinheira do *ashram* ficava coberta de bolhas causadas pelo calor, mas que nunca havia reclamado. Se alguma vez tivermos pensado que a Amma não nota alguma coisa, ou que ela possa esquecê-la vinte anos depois, ou que a considere insignificante, então estaremos realmente equivocados!

NOTÍCIAS DO PASSADO

Recentemente, mais de vinte e cinco anos depois de meus tempos de cozinheira do *ashram*, um dos primeiros chefes de família indianos a morar no *ashram* me parou enquanto eu passava pelo templo de Kali. Pappettan Acchan queria me mostrar um jornal em malaiala, "*Divya Upadesham*", que ele havia encontrado em uma pilha de papéis para descarte. Ele estava lendo um artigo que mencionava a antiga cozinheira do *ashram* e lembrou-se de mim, no exato momento em que eu passava! Naturalmente, queria me contar o que estava escrito.

Corria o ano de 1986, e a Amma estava realizando um programa fora do *ashram*, na cidade vizinha de Allepy. Ela planejava retornar ao *ashram* com todos os residentes na hora do almoço, logo que o programa terminasse. Ela me pediu que me adiantasse, retornando ao *ashram* mais cedo para preparar a refeição do dia., quando cheguei, entretanto, a comida já estava pronta. Assim, eu não conseguia decidir qual seria a coisa certa a fazer. Por que a Amma teria me mandado de volta para cozinhar, se isso seria desnecessário? Então, decidi ir em frente e acender o fogo para cozinhar. O artigo mencionava que as pessoas começaram a criticar minha escolha, e muitas me questionaram, dizendo que, com certeza, a comida estragaria e teria que ser jogada fora, destacando o fato de que o número de pessoas contado para aquela refeição havia sido bem baixo. Mas eu quis ser obediente às palavras da Amma. Se houvesse comida demais, ela poderia ser servida à noite. A Amma não teria me mandado de volta para cozinhar sem um motivo.

Aconteceu que quando a Amma retornou, muitos visitantes "inesperados" chegaram para vê-la. Havia comida suficiente para todos apenas por causa das instruções da Amma! À primeira vista, as palavras da Amma não faziam sentido, mas a profundidade da sua visão é infalível. No artigo do *"Divya Upadesha"*, a Amma estava destacando que o discípulo deve aderir às palavras do guru com sinceridade, sabendo que elas contêm a Verdade, mesmo que outros pessoas o critiquem. Ainda não ouvi, nem uma única vez, a Amma falar palavras vãs ou sem consequência. Quando um Mestre Realizado fala, é a própria verdade.

Enquanto estava nos EUA esperando a emissão do novo visto, outra ocidental mudou-se para o *ashram*. Ela era da Holanda e tinha quase a minha idade. Nós nos demos bem logo de início. Todos a apreciavam, e havia muitas risadas quando ela estava por perto. Aconteceu de precisarmos de uma substituta na cozinha, pois a mocinha indiana não podia continuar. Quando sugeriram que a moça holandesa fosse a ajudante, a Amma expressou sua dúvida de a cozinha funcionar bem com duas pessoas não familiarizadas com a culinária indiana. Mas como não havia muitas alternativas, assim fizemos. No início, tudo ia bem. Amávamos o que fazíamos, mas, não sabíamos exatamente o que estávamos fazendo. Recordo-me de certa noite quando havia sobrado muito arroz do almoço - tivemos a ideia de fazer panquecas de arroz, parecidas com panquecas de batata. Naquele momento pareceu-nos ser uma boa ideia, mas, por mais que tentássemos, não conseguíamos impedir que as panquecas se despedaçassem sobre a grelha. Se a ideia tivesse dado certo, como seria agradável para os residentes do *ashram* servirmos panquecas no jantar! Naquele dia, felizmente, de alguma forma ainda conseguimos trocar o cardápio do jantar e acabar de prepará-lo antes que os *bhajans* terminassem, de forma que ninguém ficou com fome.

CONSTRUÇÃO DO TEMPLO DE KALI

Certa manhã, muitos de nós estávamos reunidos em frente à sala de meditação antes da aula de *Upanishads*. A grande novidade era que os coqueiros iam ser cortados para dar lugar a um novo espaço para orações, no jardim da frente. Alguém expressou um sentimento nostálgico com relação às árvores, mas a Amma não compartilhava do mesmo sentimento. As árvores estavam sendo sacrificadas por um bem maior. Naquela época, poucas pessoas podiam meditar nesse local, mas este se tornaria o lugar onde muitas pessoas alcançariam a iluminação e espalhariam a paz pelo mundo. Nosso apego às árvores era compreensível, mas devíamos reconhecer o sacrifício maior que estava para ser feito pelo bem do mundo.

Uma vez limpo o quintal dianteiro, o dia mais favorável foi selecionado por um astrólogo e a Amma realizou uma poderosa cerimônia de consagração da pedra fundamental que seria colocada na terra. A escavação para a fundação teve início imediatamente e, pouco depois, os materiais começaram a chegar. O aço para os pilares de concreto, a rocha de granito a ser partida em pequenos pedaços para serem misturados ao concreto e sacos e sacos de cimento foram empilhados ao longo do local marcado, que delimitava o perímetro do prédio. O tamanho e a urgência do projeto eram um tanto excessivos, pois havia somente umas 20 pessoas vivendo no *ashram;* mas a Amma insistiu que nós não tínhamos ideia de quantos filhos ainda chegariam e que tínhamos que aprontar um lugar para eles ficarem.

Então, carregamos areia. Toneladas e toneladas de areia, noite após noite, dentro de panelas equilibradas sobre a cabeça, por estreitas passarelas que atravessavam a lagoa até a faixa litorânea. A areia então era compactada para preencher a base de concreto da fundação do futuro templo de Kali. Foi um trabalho maravilhoso e árduo, que fazíamos recitando o mantra para levá-lo adiante. De madrugada, a Amma fazia bebidas quentes e também distribuía a todos algum petisco que houvesse na despensa, antes que nos recolhêssemos para dormir um pouco.

Algumas vezes, o trabalho com o concreto caía no mesmo dia do *Bhava Darshan*. Nessas ocasiões, víamos os devotos que haviam comparecido ao programa, muitos em suas melhores roupas, juntando-se ansiosamente à fila para facilitar o transporte dos *chutties* (panelas de aço do tipo chinês) cheios de concreto até o local onde as colunas de suporte estavam sendo preenchidas. Cada pessoa ficava próxima da pessoa seguinte, de forma que pudesse passar a panela cheia de concreto para seu vizinho. Algumas vezes, isso incluía jogar as panelas para cima, uma a uma, para o segundo e terceiro andares, já que os mais jovens estavam nas plataformas superiores. Todos ficavam muito concentrados para não derramar concreto na pessoa que estava embaixo. Havia intensa boa vontade e muito trabalho em equipe nos dias em que se trabalhava com concreto, e muitas pessoas famintas na hora do almoço! Assim foi erigido o templo de Kali sobre o terreno no

qual a Amma havia dançado em *Kali Bhava*. Agora, podíamos
vê-la transportando panelas de concreto com os devotos que, no
futuro, viriam participar do *Devi Bhava* no templo que estava
sendo construído pela própria Kali. Uma vez mais, a presença
ativa da Amma tornou cada tarefa divertida e factível. Na presença
da Amma o trabalho conjunto para realizar um projeto enorme
era feito sem esforço. Apesar de a construção ter sido adiada por
algum tempo em 1987 – quando a Amma redirecionou recursos
e voluntários para se ocuparem da administração de um orfanato
local de 500 crianças, que havia falido – surpreendentemente, o
templo ficou pronto a tempo para as celebrações do 34º aniversário
da Amma em outubro de 1987, pouco mais de um ano após o
início da construção.

PROGRAMAS DA AMMA FORA DO ASHRAM

Foi por volta dessa época que as cidades e vilarejos próximos
começaram a convidar a Amma para realizar programas externos.
Kollam, Allepy, Mavelikara, Harippad, Tiruvella, Kottayam e
Pandalam são alguns que me recordo. Um pequeno micro-ônibus
de cor escura foi doado ao *ashram*; na lateral, pintado em letras
brancas, lia-se "Missão Mata Amritanandamayi". Seis bancos
de cada lado do corredor central do ônibus podiam acomodar
confortavelmente duas pessoas ou três mais apertadas. O *ashram*
inteiro cabia dentro do micro-ônibus, com a Amma sentando-se
no penúltimo assento do lado direito. De forma a dar um pouco
mais de espaço para a Amma, que dava tanto de si para os devotos,
eu me agachava entre os bancos e, para minha surpresa, ficava
bem confortável. Muitas vezes aconteceu de eu servir de almofa-
da para os pés da Amma! Uma hora ou duas podiam se passar,
sem que eu nem percebesse a passagem do tempo, tão absorta
eu estava no ambiente de devoção que havia no micro-ônibus.
Quando atravessávamos o centro de alguma cidade, para termos

privacidade, podíamos fechar as janelas e as grossas cortinas de cor creme, o que elevava a temperatura ali dentro. A Amma ria e dizia que, nos tempos antigos, os *rishis* iam para as cavernas praticar austeridades, mas hoje em dia, um micro-ônibus seria suficiente. Um dos primeiros requisitos da vida espiritual é ir além dos gostos e aversões, calor e frio, prazer e dor. Se alguém quisesse alcançar a libertação, não deveria ser afetado negativamente por eles. Nossa mente deve permanecer estável.

A Amma também notou que muitos de nós olhávamos a paisagem e explicou que, se olhássemos para o exterior, nunca veríamos o interior. Todas essas impressões sutis são gravadas na mente, mesmo que achemos que elas não estão sendo absorvidas. Posteriormente, todas aquelas impressões criariam *vasanas* (tendências) de agitação, que teriam de ser superadas. A Amma explicou que, quando saímos em peregrinação, estamos tentando acalmar os pensamentos da mente, e não aumentar os pensamentos.

Dependendo da distância que tivéssemos que viajar, saíamos do *ashram* por volta do meio-dia e parávamos na casa da família anfitriã para nos refrescarmos. A família nos servia chá e uma refeição leve. Essa era a única ocasião em que podíamos tomar chá; mas como tomar chá antes de cantar não era bom para as cordas vocais, geralmente recusávamos o chá. Como não havia nenhum livro de canções publicado naquela época, eu copiava à mão as canções que a Amma ia cantar, em um diário. Muitas vezes, um dos residentes, especialmente Puja Unni, que hoje é *Swami* Turiyamritananda, sentia-se inspirado a escrever uma nova canção. Cada canção tinha um significado profundo e uma melodia única. As canções eram uma oferenda de amor e devoção. A base dos ensinamentos espirituais da Amma podia ser facilmente aprendida ao se ouvir suas canções devocionais.

Dedicar o pensamento, a palavra e a ação à lembrança e ao serviço de Deus (*Manasa Vacha*); não ser hipócrita rendendo culto no templo e chutando para fora o mendigo na porta do templo (*Shakti Rupe*), lembrar que ninguém no mundo nos pertence realmente (*Manase Nin Svantamayi, Bandham Illa*); ter concentração focada na meta (*Adiyil Paramesvariye*); verter lágrimas inocentes como as de uma criança perante a Mãe Divina para alcançar um objetivo (*Ammayil Manasam*); fundir-se no estado de unidade com a própria deidade amada através da prática da meditação e de austeridades (*Karuna Nir Katale*), banhar-se na visão interna do Amado (*Kannilenkilum*) e conseguir uma paz pura e perfeita neste mundo de sofrimento (*Ammayennulloru*). O caminho do amor e da devoção era enfatizado em todas as canções devocionais da Amma, que nós cantávamos no *Kalari*, mas também nos programas fora do templo.

A Amma me mostrou como manter o *talam* (batida ou compasso da canção) dando suaves batidinhas no meu joelho com um dedo. Era importante manter o corpo imóvel, a mente se concentra melhor dessa forma. Através da música devocional a mente pode ser levada a um ponto de perfeita quietude. Eu continuava tentando diminuir os intervalos entre os momentos de felicidade, como a Amma já havia me aconselhado.

Após o programa de *bhajans*, a Amma dava *darshan* até muito tarde. Em muitas noites nós nos amontoávamos no micro-ônibus às duas ou três horas da manhã e chegávamos ao *ashram* ao amanhecer. Eu tomava um banho e ia direto para a cozinha, minha cabeça cheia de músicas de sonho e da presença amorosa da Amma na noite anterior.

Dessa forma, as semanas e os meses se tornaram um ano. Minha prática era uma combinação equilibrada de serviço, meditação, estudo das escrituras e *hatha yoga*. Cada um de nós estava seguindo as orientações específicas que a Amma havia dado,

dependendo de (i) nosso temperamento, se éramos mais devocionais ou intelectuais, mais *tamásicos* (letárgicos), *rajásicos* (ativos) ou
sáttvicos (puros); (ii) e de nosso comportamento, se éramos mais
serenos ou mais bruscos. A Amma era o perfeito reflexo do que
cada um de nós tinha no coração. Aqueles que estavam cheios
de amor, se deleitavam com o amor e a inspiração. Aqueles que
não tinham sutileza nem refinamento eram testados constantemente. Havia uma diferença notável em como a Amma instruía
cada pessoa que vinha até ela buscando ensinamento espiritual.

Como não éramos muitos, ficava fácil ver quem chegava a
tempo para o *archana* e quem não chegava. Quem sentava para
meditação e quem não tinha tempo para meditar. Uma jovem,
que muitos anos mais tarde decidiria deixar o *ashram*, raramente
participava, explicando que seu *seva* não lhe permitia. Alguns anos
depois, deixei que meu *seva* se tornasse um impedimento para
minha prática diária, com efeitos desastrosos. Eu menciono essa
jovem agora e em algumas outras vezes nessa narrativa, porque
ela exerceu influência em minha própria jornada. Por respeito à
sua privacidade, não menciono o nome dela. Julgar os demais
era uma vasana (tendência) forte em mim, portanto, eu tentava
cultivar a atitude de observadora silenciosa e de trabalhar em
meu próprio melhoramento. Mal sabíamos que a Amma estava
mantendo o mundo à distância de propósito, para nos dar essa
oportunidade de nos fortalecermos espiritualmente antes que a
maré chegasse com força. 🪔

CAPÍTULO 5

Meus filhos estão clamando

Em abril de 1986, havia uns 20 renunciantes vivendo com a Amma num anexo da casa da família Idammanel, quando ela aceitou um convite para visitar os Estados Unidos. O convite veio do irmão de Nealu, Earl Rosner, e de sua mulher, Judy. Posteriormente, aquele momento seria lembrado como decisivo para o mundo. Naquela época, eu estava no meio do preparo de um almoço e não tinha ideia do que havia acabado de acontecer nas cabanas onde a Amma se reunira com alguns dos residentes. Nealu apareceu na porta da cozinha e me chamou. Ele disse:

– A Amma acabou de aceitar o convite de meu irmão para ir aos Estados Unidos. Ela me enviou aqui para perguntar o que é necessário para a viagem.

Lembro-me de ter colocado de lado a concha e olhado para as chamas enquanto pensava. Então, falei alguns itens de improviso: passaportes, vistos, meias quentes, um local para a Amma cantar *bhajans* e cartazes – muitos cartazes seriam necessários, porque ninguém conhecia a Amma nos Estados Unidos.

Quando ele saiu para dar essas informações à Amma, pensei: "O que é que eu sei dessas coisas?" e voltei a cozinhar.

Haviam se passado apenas duas horas quando escutei uma batida na porta de minha cabana. *Swami* Paramatmananda estava ali, em pé, segurando uma máquina de escrever enferrujada.

– Eu acho que você vai precisar dela – ele disse, entregando-me a máquina – A Amma disse que você tem que preparar essas coisas para a visita.

O mundo ia conhecer a Amma! Naquela tarde, ela me disse:

101

– Meus filhos estão em todos os lugares. Eles estão clamando pela Amma, mas não podem me achar. Amma precisa ir até eles.

Eu sabia que o que ela estava dizendo era verdade, pois eu mesma havia chorado por quase dois anos antes de ouvir falar dela. Havia uma inquietude, uma dor de vazio no meu interior que me mantinha em movimento, pressionando-me para encontrar a Amma. E por certo eu não era a única lá fora que clamava no deserto. Porém, quantas pessoas teriam as mesmas circunstâncias que as atrairiam para fora de seus lares e de suas vidas, para percorrer toda essa distância até o píer de Vallikkavu e atravessar um rio para conhecer a Amma?

UM DIA COM A MÃE

Meu cérebro engatou a marcha de partida, e as ideias começaram a se formar. Viajar para cidades onde eu tinha amigos e parentes parecia óbvio. Eu contaria ao maior número possível de pessoas a história de como conheci a Amma e sobre o que acontecia aqui. Contaria sobre como ela havia curado o leproso Dattan. Sobre como ela nos guiava magistralmente no caminho espiritual. Contaria que a Amma já havia fundado uma escola e uma clínica gratuita de um cômodo só, onde um médico e uma enfermeira ofereciam cuidados básicos e atendimento médico para os aldeões pobres da ilha. Sentei-me com *Swami* Paramatmananda para compartilhar minhas ideias e ouvir as dele. Decidimos filmar um pequeno documentário sobre a vida com a Amma. Nós o chamamos de "Um dia com a Mãe". Amma nos deu sua bênção para a filmagem, e *Swami* Paramatmananda trabalhou dia e noite para concluir o filme antes de minha partida. Fizemos um filme mais curto chamado "Amrita Sagara: Ocean of Bliss" [Amrita Sagara: Oceano de Felicidade] baseado nos ensinamentos da Amma. Saumya (atualmente *Swamini* Krishnamrita) fez a trilha sonora.

Pensamos que esses filmes seriam a melhor forma de apresentar a Amma ao maior número possível de pessoas.

A mãe do *Swami* Paramatmananda morava em Chicago; minha família estava em Pittsburgh e Boston. A primeira professora de yoga dele estava em Madison. O irmão dele e todos os meus colegas de faculdade moravam na Bay Area. Estes lugares eu poderia ir com facilidade, embora naquela época eu não tivesse ideia de como viajar, pois não tinha dinheiro para isso. Ambos começamos a escrever cartas. Um dia chegou um aerograma ao *ashram*. Era de um homem chamado George Brunswig, que escrevia de São Francisco. Ele havia ouvido falar de um livreto intitulado "The Mother of Sweet Bliss" [A Mãe da doce felicidade], descrevendo a vida de uma santa indiana chamada Amma. Poderíamos, por favor, mandar-lhe um livreto e ele nos reembolsaria o preço e o envio? Ele era nosso primeiro contato! Respondi a ele no mesmo dia. Expliquei que eu iria para a Bay Area e que teria cópias do livreto comigo. Eu telefonaria para ele em algum momento do início do verão, se ele não visse problema.

VIAGEM DE IDA E VOLTA SE TRANSFORMA EM VIAGEM AO REDOR DO MUNDO

A coisa mais incrível aconteceu quando fui à agência de viagens em Kochi. Após explicar à agente o que eu precisava – uma passagem básica de ida e volta para São Francisco com retorno após dois meses – começamos a conversar enquanto ela verificava as tarifas. Falei um pouco sobre o que eu estava fazendo, sem pensar que ela ficaria tão interessada. Ela me olhou com uma expressão curiosa e me falou sobre uma grande oferta. Por um valor um pouquinho superior, eu poderia escolher duas companhias aéreas e dez cidades. Ter uma passagem de viagem ao redor do mundo e ter dez paradas no total?! Por apenas U$1.000?! Quase caí da cadeira. Exatamente o que era necessário! Meu pensamento seguinte foi que a Europa poderia ser facilmente incluída. Parecia-me um começo auspicioso. Em minha mente, a viagem da Amma aos Estados Unidos se transformara em uma viagem ao redor do mundo num piscar de olhos. Eu disse à agente de viagens que voltaria a contatá-la em alguns dias. Retornando ao *ashram,* eu mal podia esperar para contar à Amma sobre esse novo e maravilhoso acontecimento.

A Amma nem pestanejou. Ela estava cuidando do jardim quando lhe contei a novidade. Ela apenas levantou os olhos e disse:

– Está bem, filha, o que você achar melhor. Um dos filhos da Amma está na França e você pode escrever a ele. Veja o que ele pensa.

E voltou a cuidar do jardim. A Amma é a pessoa mais desapegada que eu já conheci. Talvez eu tivesse obtido uma resposta mais entusiasmada se eu tivesse aparecido com uma boa forma de usar as sobras de arroz.

PRESENTES QUE PRESENTEIAM

Antes de minha partida, busquei as bênçãos da Amma. Ela me deu dois presentes de despedida. O primeiro era uma lamparina de azeite, simples, de tamanho médio, de bronze. Eu deveria acender a lamparina sobre uma mesinha lateral antes de cada apresentação do vídeo. Com um sorriso cintilante, a Amma apontou para a parte superior da lamparina e disse: "terceiro olho", marcando o local com um *kumkum* (um pó vermelho sagrado para a Mãe Divina) e em seguida indicou a parte inferior e disse: "pés", apontando para dois lugares na base e marcando-os também. Eu podia imaginar a Mãe Divina sentada ali, me fazendo companhia.

O segundo presente era um anel. A Amma havia pegado uma caixinha de joias e deixado ao seu lado enquanto conversávamos. Abrindo-a, entregou-me um anel de prata com um retrato dela em esmalte, incrustado sobre um fundo azul da cor do céu. Ela queria que eu o ficasse com ele. Fiquei tão comovida que lágrimas brotaram em meus olhos. Experimentei-o de imediato; ele me serviu perfeitamente no dedo indicador da mão esquerda. Aquele anel seria meu consolo nos muitos e muitos quilômetros que seriam percorridos antes que a Amma e eu voltássemos a nos ver no final daquele verão. Em seguida, a Amma me disse:

– Filha, nunca peça nada, e tudo virá para você.

Anos mais tarde, ao ler o Ramayana pela primeira vez, pude entender porque Rama deu a Hanuman o anel que confirmaria sua identidade junto à sua amada Sita Devi. Embora eu não fosse nenhum Hanuman, seus filhos de terras estrangeiras poderiam sentir o *sankalpa* (resolução divina) da Amma através da presença do anel que eu usava. Com fé absoluta nas palavras da Amma, segui para o Leste para uma viagem ao redor do mundo.

NO CAMINHO

Quando iniciei a viagem, em junho de 1986, não tinha ideia de que aquela de fato seria apenas a primeira de três dessas viagens de ida e volta aos EUA e à Europa. Amma iniciaria sua turnê pelo mundo somente um ano depois. Antes disso, milhares de quilômetros se transformariam em dezenas de milhares de quilômetros de esforço para trazer a Amma ao Ocidente, para seus filhos que estavam chorando. Eu não tinha nenhum plano a seguir, nenhum devoto para contatar, nenhum livro do tipo "Como planejar turnês mundiais para principiantes" que me servisse de guia. Minha família simplesmente havia comprado uma passagem para que eu os visitasse e parti. Mal sabiam eles que turbilhão seria esta visita e que, em menos de um ano, uma santa indiana chamada Amma ficaria hospedada na casa deles!

Desembarquei em São Francisco com uma mochila contendo uma muda de roupa, a lamparina de bronze, cópias do livreto "A Mãe da doce felicidade" e os dois vídeos que havíamos produzido.

Dali comecei a viajar pelo país e pelo mundo, mostrando o vídeo para o maior número possível de pessoas em cada cidade onde havia um parente ou amigo. Nesses lugares, eu sempre podia contar com comida e alojamento, amabilidade carinhosa e generosidade de coração. A cada vez que eu ficava sem ideias ou que parecia que eu havia perdido o rastro, a graça da Amma me levava para o passo seguinte. Como não havia possibilidade de ligar para a Amma, por necessidade eu tinha que ouvir no meu coração o que Amma queria. Aquelas meditações me levaram a todas as direções imagináveis.

A PRIMEIRA APRESENTAÇÃO DO VÍDEO

A primeira apresentação pública do vídeo "Um dia com a Mãe" foi realizada em São Francisco, organizada por George Brunswig, o homem de São Francisco que havia mandado o aerograma pedindo o livreto "A Mãe da doce felicidade". Mais de vinte pessoas compareceram. Durante a sessão de perguntas e respostas após a projeção do vídeo, ficou óbvio que algumas delas haviam entrado em conexão com a Amma durante o vídeo. Enquanto o grupo se dirigia para a sala para tomar alguns refrescos, duas pessoas se aproximaram de mim e se apresentaram como Tina e Nancy. Se houvesse alguma coisa que elas pudessem fazer, adorariam ajudar. Senti que a Amma não havia demorado a enviar dois anjos. Combinamos um novo encontro e elas me deram os endereços para eu chegar a Berkeley, onde viviam.

COMO PODEMOS AJUDAR?

Alguns dias mais tarde, enquanto ia ao encontro de Tina e Nancy, eu me perguntava como seria. Qual seria o passo seguinte? "Não peça nada e tudo virá", essa havia sido a ordem da Amma. Certamente, isso tornava tudo simples! Como pude constatar, Tina era mãe de um adorável garoto de sete anos de idade, Theo.

Nancy era uma cientista pesquisadora na Universidade da Califórnia, em Berkeley. Elas queriam ouvir mais histórias da Amma e fazer algumas perguntas; conversamos por mais de duas horas. Quando eu estava saindo, novamente elas expressaram o profundo desejo de ajudar-me da forma que fosse possível. Como poucas pessoas nos EUA conheciam a Amma, senti que seria boa ideia trabalhar com elas. Eu não havia pedido, elas haviam oferecido. Elas cumpriam os requisitos.

Elas começaram organizando mais apresentações de vídeo que me levavam a fazer cada vez mais contatos. Uma pessoa estava indo para Monte Shasta, outra pessoa conhecia uma família em Miranda. Dessa forma, deixei que as coisas fossem se sucedendo. Com poucas expectativas, cenas como essas se desenrolavam em cada cidade e vilarejo que visitei nos EUA, independentemente de quantas pessoas haviam comparecido à apresentação do vídeo. Uma, duas, algumas vezes três pessoas se aproximavam e demonstravam mais interesse. O fato de ter continuado com essas duas ou três pessoas em cada cidade e de tê-las envolvido no processo de planejamento foi o que fez tudo funcionar. Cada uma a seu modo acabou fazendo um esforço sincero em nome da primeira turnê mundial, muito antes de conhecer a Amma, somente por terem visto "Um dia com a Mãe". Para mim foi um sinal da graça pura da Amma, o fato de que cada detalhe necessário se manifestava no momento certo.

O QUE HÁ EM UM NOME?

George Brunswig havia se oferecido para me ajudar a criar um panfleto sobre a vida da Amma. Sentamo-nos por horas trabalhando no esboço. Eu já havia escrito um resumo da vida da Amma e de seus ensinamentos para aparecer na parte de dentro e a parte de trás seria usada para anunciar a turnê. Eu achava que, ao colocar tudo por escrito, a turnê se concretizaria mais facilmente. Atrás, sob a minha foto favorita da Amma, vinha:

"Datas e locais de visita da Amma", com uma lista citando São Francisco, Seattle, Monte Shasta, Big Sur, Santa Cruz, Sudeste, Chicago, Madison, Pittsburgh, Boston e Nova York.

Naquele mesmo dia conversamos sobre providenciar uma caixa postal para que pudéssemos ter um local para correspondência, mas, para tanto, precisávamos de um nome. Um nome parecia importante, tornava as coisas mais reais em minha forma de pensar. Assim, George e eu pensamos em sugestões. Naquela época, o *ashram* da Amma na Índia se chamava *"Mata Amritanandamayi Mission"* [Missão Mata Amritanandamayi] ou *"MA Mission"* [Missão MA]. George não achou o nome conveniente para os Estados Unidos, pois "missão" tinha uma conotação tipicamente cristã. Sugeri Mata Amritanandamayi Center [Centro Mata Amritanandamayi], ou MA Centre [Centro MA]. Eu gostava da ortografia britânica de "Centre", mas George não concordou. Ele disse que era sempre melhor manter a forma de escrever do país onde se está – logo, deveria ser M.A. Center. Tive que reconhecer que ele estava certo, e assim, em dez minutos de conversa, nasceu o *"M.A. Center"*. Pela graça da Amma, em um simples instante escrevemos *"M.A. Center"*, e foi criado algo que atingiria tal longevidade e se tornaria o lar de tanto serviço voluntário.

Pontos Cardeais

Norte, Sul, Leste, Oeste; de ônibus, de carro, de avião, de trem. Dormindo nas casas e apartamentos de parentes e de amigos, em todo tipo de tendas, minha preocupação era mostrar o vídeo "Um dia com a Mãe" o maior número de vezes naqueles dois meses. Fosse para uma pessoa apenas ou para um grupo de 25, eu seguia o mesmo procedimento: acender a lamparina, falar sobre a vida da Amma e mostrar o vídeo. Em seguida, falar sobre o tempo que eu havia passado com a Amma e responder às perguntas, até que cada pessoa estivesse satisfeita. Eu explicava que a Amma viria no verão seguinte e que, se quisessem se manter em contato para saber sobre a definição dos planos da turnê, eu lhes pedia para escrever seus nomes e endereços em meu caderno. No final, aqueles nomes se tornaram o grupo principal que hospedaria a Amma em todos os EUA. Às vezes algumas pessoas traziam petiscos para a reunião e ficávamos acordados até tarde, conversando sobre a vida espiritual com a Amma. Era sempre claro quem havia feito conexão com a Amma durante a apresentação da noite. Dessa rede de pessoas, surgiram novas conexões, mais apresentações do vídeo, mais contatos entre a Amma e seus filhos, tudo isso dirigido pela graça inesgotável da Amma.

Em meados de agosto, depois de viajar por mais de 60 dias sem descanso, retornei, agradecida, para o lado da Amma, tendo visitado Cingapura, São Francisco, Oakland, Berkeley, Carmel, Santa Cruz, Monte Shasta, Miranda, Seattle, Olympia, Taos, Santa Fé, Albuquerque, Boulder, Madison, Chicago, Pittsburgh, Baltimore, Washington DC, Nova York, Boston, Londres, Zurique, Schweibenalpe e Graz.

VOLTA PARA CASA

Naquele dia de agosto de 1986 em que retornei ao *ashram*, a Amma estava sentada na varanda da frente do *Kalari*. Alguns residentes se reuniram, curiosos para saber como havia sido minha viagem. O que estava acontecendo? Quando a Amma viajaria para os Estados Unidos? Quais lugares a Amma visitaria? Quantas pessoas haviam ouvido falar da Amma? Lembro-me que a saraivada de perguntas havia sido ao mesmo tempo eufórica e intensa, e eu me esforçava para respondê-las com clareza.

Em seguida, observei a Amma. Ela estava totalmente tranquila, parecia estar absorvendo tudo. Então, ela olhou para cima e seus olhos profundos e eternos se fixaram nos meus, havia quietude no ar.

– *Sheriyayo, mole*? (Está tudo bem, filha?) – foi tudo o que ela me perguntou.

Não consigo descrever o efeito que esta pergunta simples e direta da Amma teve sobre mim. Foi como se o próprio ar tivesse parado de respirar, esperando minha resposta. O tempo ficou momentaneamente suspenso, enquanto a Amma punha à prova minha capacidade de levar sua mensagem para os filhos distantes e de aproximar a Amma deles, tendo que estar distante da presença física da Amma para poder executar tudo. Intuitivamente, senti que a Amma estava medindo minha determinação. Respondi, calma e lentamente:

– *Sheriyayi*, Amme. (Está tudo bem, Amma).

E naquele momento, senti uma explosão de energia em meu peito, como se uma ponte sutil de amor divino estivesse conectando o coração da Amma ao meu. A Amma sorriu para mim com compaixão e me abraçou por um longo momento. Ela quis que eu fosse descansar da viagem. Quando me levantei para me afastar dela, pude sentir, sem sombra de dúvida, que um profundo vínculo havia sido selado entre nós, que me daria "tudo o que fosse preciso sem que eu pedisse". Naquele momento, minha alma sabia que a turnê estava em andamento e que em breve a Amma estaria com seus filhos do mundo todo. Ao mesmo tempo, senti que essa turnê demandaria muito esforço e sacrifício. Lembro-me de uma enorme sensação de alegria me invadindo.

Não havia um momento a perder. No dia seguinte, propus que começássemos a escrever um boletim informativo para mandar para as pessoas que faziam parte da lista de correspondência que eu havia preparado.

– O quê? Um boletim informativo? Mas a Amma ainda nem visitou os EUA! – foi a resposta geral.

Não satisfeita, fui até a Amma para expor minha ideia. Ela concordou completamente e me pediu para trazer um gravador e uma lista das perguntas ouvidas durante a viagem. Ela responderia as perguntas para o primeiro informativo. Não apenas respondeu, mas escreveu de próprio punho uma carta a ser enviada a todos aqueles que se haviam se inscrito na lista de correspondência. Eu propus que o boletim se chamasse "Amritanandam", felicidade imortal, como no nome da Amma.

AQUISIÇÃO DAS PASSAGENS AÉREAS

A passagem aérea com a qual eu havia viajado durante o verão era a passagem dos sonhos. Ela havia sido muito útil para o planejamento inicial da turnê, e minha ideia era conseguir a mesma passagem para a Amma e o grupo. Havia somente um problema: não havia dinheiro. Esse pensamento me acompanhou nas semanas e meses que passavam.

Mesmo antes de conhecer a Amma, sempre fui uma pessoa bastante frugal. Eu não tinha cartão de crédito e nunca tive um carro, o que não era comum para uma moça americana. A única coisa impulsiva que fiz em toda minha vida foi viajar para a Índia para conhecer a Amma. Agora que eu estava morando no *ashram*, a única segurança que eu tinha em caso de emergência era um cartão de crédito da American Express que meus pais me haviam dado, sob a condição de usá-lo somente se fosse absolutamente necessário.

Tudo o que fosse necessário viria, a Amma havia sido bem clara sobre isso. O dinheiro da passagem aérea para a turnê não seria exceção, eu estava absolutamente certa disso. Era só uma questão de tempo. Mas essa necessidade em particular era urgente: obter as passagens aéreas para poder solicitar os vistos para os EUA. Os vistos franceses poderiam ser obtidos graças aos vistos norte-americanos. Somente então, poderíamos prosseguir com o planejamento mais detalhado. Somente então, o sonho de levar a Amma para seus filhos daria um passo mais definitivo para se converter em realidade.

A lembrança das palavras da Amma, "Meus filhos estão clamando por mim, não conseguem me encontrar", me estimulava. Eu mesma havia chorado durante dois anos antes de conhecer a Amma e sabia como era esse sentimento. O que eu mais queria era que a Amma e seus filhos se reunissem, da mesma maneira que eu havia me reunido a ela. O anseio da Amma em ver seus filhos havia se tornado meu anseio em vê-la com seus filhos. Decidi que tínhamos que nos arriscar. Tínhamos que prosseguir.

Abordei o assunto com *Swami* Paramatmananda. Eu sabia que ele tinha com sua mãe o mesmo arranjo que eu tinha com a minha - o cartão de crédito para caso de emergência. Sugeri que fossemos até a agência de viagem em Kochi e dividíssemos o preço dos bilhetes entre os dois - eu compraria cinco passagens e ele cinco. Eu garanti a ele que o dinheiro viria. Eu tinha fé absoluta nisso. Se não viesse, jurei solenemente que eu conseguiria um emprego de cozinheira no final da turnê e pagaria a dívida. Sem hesitar, ele concordou que essa era a solução. Saímos para Kochi em menos de uma hora, sem dizer a ninguém uma palavra sobre nosso plano.

As duas empresas aéreas eram Singapore Air e Delta. As dez cidades eram Cingapura, São Francisco, Albuquerque, Chicago, Washington DC, Boston, Nova York, Paris, Zurique e Viena. Enquanto a velha máquina de cartão de crédito da agente de viagens clicava dez vezes à medida que os cartões eram passados, em meu coração eu sabia que o processo da turnê já estava em andamento.

CONSULADO NORTE-AMERICANO EM CHENNAI

A tarefa que absorveria minha atenção pelos quase três meses seguintes era a de solicitar todos os passaportes, conseguir os vistos para os EUA e a França e as passagens aéreas para a Amma e os outros nove acompanhantes que participariam da turnê. Os passaportes foram fáceis, mas os vistos foram outro problema. Naquele tempo, eram exigidos patrocinadores americanos para a Amma e para os monges, mesmo para uma visita de curta duração. Se já era difícil conseguir um visto, muito mais era conseguir sete! De fato, embora nenhuma das famílias que contatei tivesse conhecido a Amma, estavam todas dispostas a patrocinar o grupo dela.

Uma sensação de inquietude me pesava enormemente na estação rodoviária de Kayamkulam, enquanto eu esperava pelo ônibus que me levaria para uma viagem de 17 horas até o consulado americano em Chennai. Eu não tinha hora marcada, nenhum plano em particular sobre como conseguir os vistos, nenhum representante para defender nosso caso. A pouca pesquisa que pude fazer indicava apenas que era incomum conseguir o que precisávamos sem alguns meses de espera. Se fossemos rejeitados, teríamos que esperar um ano para solicitar os vistos novamente. Eu sabia que o fator determinante seria, como sempre, o poder predominante da graça da Amma. Um dos inúmeros milagres da Amma era arranjar todas essas questões sem o menor problema. Mas, ainda assim, tínhamos que nos esforçar. Portando os conjuntos de dez passagens aéreas, dez passaportes e sete cartas de patrocínio cuidadosamente guardadas em minha mochila, entrei no ônibus. Passei a maior parte do tempo rezando para não retornar de mãos vazias e mordiscando um pé-de-moleque. Se os vistos não fossem concedidos, nossos planos para a turnê seriam destruídos, pelo menos no que se refere à agenda que eu havia planejado cuidadosamente.

Ao entrar no consulado, me vi no meio de dúzias e dúzias de pessoas que também esperavam no hall de entrada, algumas andando de cá para lá, e cada uma delas segurando um grande papel com um número de senha, esperando para ser chamada para uma área envidraçada onde os funcionários estavam sentados. Examinando a multidão ruidosa e nervosa, senti novamente que o ar parava, da mesma forma que senti junto à Amma alguns meses antes, na varanda do *Kalari*. Resolvi desistir do sistema de senhas e caminhei direto até a janela de vidro para chamar o funcionário. Inclinei-me e, de forma serena, expliquei o que eu precisava... Sete vistos para visitar os Estados Unidos por dois meses naquele verão. Não, nenhum dos solicitantes era casado. Não, nem mesmo noivo. Não, nenhum deles era proprietário de empresa. Mas, sim, com certeza, todos retornariam à Índia em agosto. Sim, eu sabia que eles precisariam de cartas de patrocínio. Mostrei-lhe o pacote de cartas assentindo com a cabeça. Trêmula, sorri para o funcionário enquanto recitava mentalmente as palavras da Amma: "Não peça nada e tudo virá... Não peça nada e tudo virá..." O funcionário abriu a porta e me conduziu para um dos escritórios para a entrevista.

Ouvi a mim mesma explicando o que queríamos e assisti em silêncio estupefato a mão carimbando repetidamente os vistos em todos os passaportes. No total, levei menos de uma hora para conseguir todos os vistos. Quando saí, em pé, na calçada, lágrimas de gratidão rolavam pelo meu rosto. Naquela mesma tarde, peguei o primeiro dos vários ônibus que me levariam de volta para casa. Precisei de apenas mais uma viagem a Pondicherry para conseguir os vistos franceses, o que também ocorreu sem complicações.

PREPARAR, APRONTAR, PARTIR!

É difícil imaginar aqueles dias em que não tínhamos computador, nem telefone celular, nem internet, mas todo o planejamento para a primeira turnê aconteceu sem nada disso. A pequena máquina de escrever que me fora dada era minha forma de contatar as pessoas, datilografar o boletim "Amritanandam" e manter contato com o pequeno e disperso grupo de pessoas que havia manifestado o desejo de ajudar após ter assistido ao vídeo da Amma no verão. Um devoto que vivia na França, Jacques Albohair, ficou encarregado do planejamento da turnê pela Europa. Ele continuaria de lá utilizando os contatos que eu havia feito e adicionando-os aos que ele tinha, enquanto eu organizava a turnê pelos Estados Unidos.

Em janeiro, eu sabia que havia chegado o momento de retornar aos Estados Unidos. Agora que tínhamos as passagens de avião e nos haviam concedido os vistos, era necessário dar corpo à turnê. Onde a Amma e o grupo se alojariam? Precisamente quais cidades a Amma visitaria? Quais salões seriam adequados para os *bhajans* vespertinos e para o *darshan*? E os pôsteres de publicidade que precisavam ser colocados em todos os lugares? Quem poderia fazer tudo isso? Decidi percorrer o país novamente, apesar do inverno rigoroso. Mais apresentações de vídeo significariam mais contatos, mais ajudantes e mais filhos da Amma que ouviriam sobre sua próxima visita. Era a única maneira que me ocorreu de seguir em frente. Assim, começando por São Francisco, eu não pararia até que chegasse a Boston. Pedi a bênção da Amma e reservei minha passagem para os Estados Unidos para o dia 3 de fevereiro.

MEU VISTO N.O.R.

Um pequeno detalhe que me preocupava era meu próprio visto. Eu precisaria de um visto *No Objection to Return* [N.O.R.: "sem objeção para retornar"] para regressar à Índia no final da turnê. Eu havia recebido uma prorrogação do visto no ano anterior, mas agora tinha que sair novamente do país para continuar organizando a turnê da Amma. Já havia sido bastante difícil convencer o Escritório de Registro de Estrangeiros em Kollam de que eu tinha que sair do país em agosto. Como eles iriam tratar essa segunda solicitação de um visto N.O.R., menos de seis meses depois? Eles não gostaram, mas aceitaram minha solicitação.

O verdadeiro problema ocorreu quando a polícia chegou ao *ashram* para realizar as indagações habituais para processar minha solicitação de visto N.O.R. Fui chamada ao escritório na casa da família da Amma. Dois inspetores de polícia estavam lá, desejavam ver meu passaporte, minha permissão de residência e queriam falar comigo. Quando nós três nos sentamos no pequeno escritório, uma sensação de claustrofobia me invadiu.

Em primeiro lugar a polícia queria saber por que eu tinha que sair da Índia novamente. Eles me disseram que eu estava aqui com um visto de entrada, e não era possível ir e vir com tanta frequência, duas vezes em menos de um ano. Qual era minha explicação? Mencionei que minha família precisava me ver e lhes disse que alguns outros assuntos requeriam minha atenção. Eles não ficaram nada satisfeitos com essa resposta. Deram-me um ultimato: ou ficava e mantinha meu visto de longa duração ou saía do país e perdia meu visto de entrada. O visto pelo qual eu havia esperado por tanto tempo, o visto que me possibilitava não ter que deixar a Amma a cada seis meses!

Por um momento minha mente correu de uma possibilidade para outra, mas realmente não havia escolha. Se eu optasse por manter meu visto de entrada, o planejamento da turnê sofreria uma parada abrupta. Essa opção não era mais possível. O planejamento já estava demasiado avançado. Eu não podia aceitar aquelas condições. Eu disse à polícia que eu tinha que ir aos EUA, portanto, teria que sacrificar meu visto de longa duração. Sem qualquer outra palavra, eles escreveram no verso dos meus documentos de registro: "Permissão para saída: concedida, permissão para retornar: negada", desta forma invalidando o meu visto. Parecia que meu coração ia se romper, quando nos levantamos para sair. Era isso. Meu precioso visto se fora com uma canetada. Não adiantava ficar pensando nisso, não havia mais nada a ser feito. Não quis contar a ninguém as más notícias, elas podiam esperar.

MANTRA DIKSHA NO KALARI

A data de partida para a segunda fase do planejamento nos EUA se aproximava rapidamente. A Amma me comunicou que eu receberia o *mantra diksha* (uma iniciação formal na prática do mantra) no *Kalari* antes de minha partida. Esse era o momento para o qual eu estava me preparando desde que ingressei no *ashram*, em 1983. Eu havia observado o efeito transformador que a iniciação operara em alguns dos outros residentes que haviam recebido a iniciação ao mantra na privacidade do *Kalari* e esperava pronta para receber a graça da Amma. Dizem que, durante a iniciação, o guru transmite uma parte de sua própria energia vital iluminada como forma de acelerar o processo de despertar do estudante.

Dois dias antes, haviam me dito que o domingo seguinte seria o dia de minha iniciação. Comecei a jejuar, embora ingerisse uma comida leve à noite para manter-me forte. No final da tarde de domingo, antes do *Devi Bhava*, tomei um banho e coloquei um conjunto novo de roupas. Sentei-me para meditar dentro do *Kalari*. À medida que o *Bhava Darshan* se prolongava noite adentro, minha expectativa aumentava. Havia uma multidão anormalmente grande, e a Amma terminou somente por volta das 3h30 da madrugada. As portas do templo foram fechadas, e eu fiquei ali dentro com a Amma, que ainda vestia seu sári de seda de *Devi Bhava*. A Dra. Lila, atualmente conhecida como *Swamini* Atmaprana, também estava ali para dar assistência à Amma durante minha iniciação.

A Amma começou por me sentar no mesmo banquinho que ela havia usado durante o *Devi Bhava*. Em seguida ela se dirigiu ao altar atrás do *pitham*. Cruzando minhas pernas na posição de lótus completa, minhas costas tocavam levemente a parte da frente do *pitham*. Eu estava de frente para o leste, na direção das portas fechadas do templo. A música dos *bhajans* continuava lá fora, na varanda da frente, com os monges cantando lindas canções para *Devi*, a Mãe Divina. Concentrei a atenção no meu interior, longe da música. Eu mantinha o olhar baixo e podia ouvir a Amma cantando alguns dos poderosos hinos da *Devi*, que eu já havia escutado quando as cerimônias de consagração eram realizadas. Senti-me completamente relaxada e receptiva naquele momento.

Em seguida, a Amma aproximou-se, carregando uma guirlanda de hibiscos vermelhos. Colocou-a em mim e aplicou pasta de sândalo fresca em minha testa. Manteve seu dedo indicador sobre meu terceiro olho por um longo momento. Concentrei minha mente na sílaba "ma" e a mantive ali, nessa consciência focada em um só ponto, fluindo meus pensamentos para a imagem de minha *ishta devata*, a Mãe Divina. A Amma continuou seu canto, mas em tons mais profundos e mais suaves. Deixei que minha mente se entregasse sem fazer nenhum esforço. Não havia pensamento, nem templo, nem tempo – somente uma sensação de completa unidade. Eu não saberia dizer quanto tempo depois a Amma sussurrou um mantra em meu ouvido direito e, com o dedo, fechou o outro ouvido, como se para evitar que suas palavras saíssem pelo outro lado. Ela repetiu o mantra três vezes e depois se afastou um pouco em direção ao altar, mantendo-se atrás de mim. Eu podia ouvir o farfalhar de seu pesado sári de seda e o tilintar de suas tornozeleiras dançando no ritmo dos *bhajans*; era indescritivelmente lindo. *Swamini* Atmaprana me contou na manhã seguinte que a Amma havia começado a dançar. Lágrimas corriam pelo meu rosto, sem relação com nenhuma emoção em particular. Mais tempo passou. Com o mantra ecoando em meu interior, o *mantra shakti* (o poder do mantra) reverberando em cada célula do meu corpo, permaneci naquele estado suspenso de consciência meditativa.

O iniciado podia ficar dentro do templo pelo tempo que precisasse, depois da saída da Amma. Os primeiros raios do sol acariciaram meu rosto, quando saí do *Kalari* silenciosamente e retornei para a minha cabana.

PERMISSÃO PARA UMA PRÉ-TURNÊ

Um dia depois, enquanto eu arrumava a maleta para viajar, ocorreu-me uma ideia. Por que não organizar uma "pré-turnê" com alguns dos monges viajando antes da chegada da Amma? Poderíamos viajar para cada lugar que a Amma fosse visitar, apresentar um *satsang* (palestra espiritual) à tardinha e cantar *bhajans*. Em seguida, após a apresentação do vídeo, eles poderiam compartilhar com as pessoas sua experiência muito mais vasta junto à Amma. Além disso, todas as salas e residências que eu estava planejando arrumar naquele mês seguinte poderiam ser verificadas, para termos certeza de que tudo seria adequado. Muito embora eu soubesse que estaria acrescentando mais uma camada de complexidade ao planejar uma pré-turnê e simultaneamente planejar a visita da Amma, decidi perguntar à Amma sobre esse acréscimo. Na realidade ninguém gostou muito da ideia, exceto a Amma. Ela sorriu com muita doçura quando lhe falei sobre a ideia de uma pré-turnê e escolheu quais monges viajariam para os EUA antes dela.

A data do início da pré-turnê foi marcada para 26 de março. Os monges voariam para São Francisco levando o harmônio e a tabla, e atravessaríamos o país. *Swami* Amritaswarupananda começou a compor lindos *Hari Kathas* ("A História do Senhor" musicada). Uma canção seria sobre a vida da Amma, a outra sobre Mirabhai, a santa do século XIV. Ele planejava compartilhar essas canções durante os programas da pré-turnê. Com esses planos em andamento, parti.

SURGE UMA REDE DIVINA

Aquele inverno foi extremamente frio nos EUA, mas a cada dia eu conseguia fazer pelo menos uma apresentação de vídeo e uma refeição decente. Algumas vezes, uma pessoa contatada no verão organizava uma apresentação de vídeo, outras vezes, eu simplesmente entrava em uma livraria e perguntava quem queria assistir ao vídeo da Amma. Eu não era exigente. Os filhos da Amma estavam em todos os lugares e ela era a luz que me guiava. Lendo atentamente as Páginas Amarelas, eu conseguia me encontrar informalmente com membros de diferentes denominações religiosas e centros espirituais para falar sobre a Amma. Muitos decidiram organizar um programa vespertino gratuito em suas igrejas e salas de reunião: os Quakers, os Unitarianos, o Centro de Meditação Vipassana, o Centro Zen de Cambridge, a Sociedade Teosófica, os Sufis, a Sociedade de *Yoga*, o Templo Ramalayam em Chicago, a Igreja de São João, o Divino, na cidade de Nova York, até mesmo a Universidade de Harvard, todos estavam interessados. A turnê estava tomando forma; os detalhes estavam se concretizando.

Nas cidades onde eu havia feito contatos no verão anterior, nos encontrávamos para procurar por salas e desenvolver um plano de publicidade, além de começar a fazer listas. Estávamos constantemente falando da Amma e da pré-turnê. Todos sentiam o entusiasmo crescer. Estávamos nos conhecendo enquanto trabalhávamos juntos por um objetivo comum: trazer a Amma para junto de nós. A fé inocente deles florescia ao fazer esse serviço desinteressado, sem nunca ter conhecido a Amma. Assistir e fazer parte desse serviço era intensamente inspirador. Sua bússola interna estava a guiá-los na direção da Amma. Claramente, aqueles eram filhos da Amma, e minha expectativa era enorme, ansiando estar presente quando recebessem seu primeiro *darshan*.

À medida que o planejamento se materializava, um dos primeiros assuntos com os quais eu tinha que me ocupar era aonde a Amma iria exatamente. Ninguém conhecia a Amma. O único convite que tínhamos era para a *Bay Area*, mas isso não me parecia um obstáculo. Eu sempre imaginava a Amma soprando sobre uma flor de dente-de-leão, e as sementes aéreas dessa flor aterrissando sobre as casas de minha família e de meus amigos. Essas se tornaram as principais cidades que a Amma visitaria, espalhadas pelo país. Por sua vez, essas sementes germinaram, regadas com a água da graça pura da Amma, e os demais lugares surgiram como ramos em uma planta trepadeira.

Da primeira apresentação de vídeo em São Francisco vieram os convites para visitar Monte Shasta, o que por sua vez me levou a Miranda, Seattle, Carmel e Santa Cruz. Taos e Novo México estavam cheio de velhos amigos e de buscadores espirituais ansiosos por encontrar a Amma, pois era nesses lugares que eu vivia quando ouvi falar da Amma pela primeira vez. Dali vieram convites para Santa Fé, Albuquerque e Lama Mountain. A mãe de Nealu, Phyllis Rosner, estava em Chicago. A primeira professora de *yoga* de Nealu estava em Madison. Meu pai morava em Boston. Eu queria realmente que a Amma visitasse Nova York e Washington DC. Eu sentia que a Amma tinha que realizar programas nessas cidades, pois tantas decisões importantes e de longo alcance eram feitas ali. Sem dúvida, a energia divina da Amma podia ser benéfica. Entretanto, nós não conhecíamos ninguém que morasse naquelas cidades, portanto, eu tinha que começar do zero. Dessa forma, fui ziguezagueando por todo o país. A Amma constantemente arrumava conexões entre pessoas e cidades; tudo o que eu tinha que fazer era enxergar o fio condutor e segui-lo. As famílias começaram a oferecer seus lares para acolher a Amma. Mesmo depois de explicar que não seria somente a Amma, e sim 10 de nós, ainda assim todos foram muito hospitaleiros, sem exceção. Por toda parte as portas estavam se abrindo. Dessa forma, aquele que dois meses antes parecera ser um país imenso e impessoal tornou-se uma rede interconectada de potencial divino – estava emergindo um padrão.

APENAS CINCO DÓLARES NO BOLSO

Frequentemente, acontecia de eu ter apenas cinco dólares no bolso, mas, de alguma maneira, a Amma assegurava que eu conseguisse seguir adiante. Um velho amigo da faculdade me levou de carro até Taos, por mais de mil e quinhentos quilômetros; alguém que assistiu à apresentação do vídeo me ofereceu uma passagem de ônibus interurbano para que eu chegasse até o lugar seguinte. Naquelas seis semanas, percorri centenas e depois milhares de quilômetros. Éramos eu, minha mochila e um desejo imenso de trazer a Amma para seus filhos.

Cheguei à cidade de Nova York em 20 de março. Uau! Os monges chegariam a São Francisco na semana seguinte para começarmos a pré-turnê. Minha família em Boston generosamente ofereceu a passagem aérea de retorno, para garantir que eu voltasse a tempo de encontrá-los no dia 26. A sensação geral era de que tudo estava fluindo bem. Todavia, devo admitir que algo me preocupava. Minha esperança havia sido que, a essa altura, haveria mais segurança financeira. Mas, até então, nada além do dinheiro suficiente havia se materializado para levar-me até a cidade seguinte. Entretanto, eu tinha que seguir em frente; o planejamento estava adiantado demais para eu deixar que essa inquietante preocupação se interpusesse em meu caminho.

O problema mais premente era que eu não tinha recursos para chegar a Boston. Em Nova York, fiquei alojada na casa de uma amiga de infância da minha mãe, Ann Wyna, que ensinava teatro na Universidade de Nova York. Gentilmente, ela havia organizado uma apresentação de vídeo para aquela noite no campus. Eu estava bastante segura de que iria muita gente e que alguém poderia me dar uma carona até Boston. Já havia acontecido antes.

Dá para imaginar meu desapontamento quando cheguei para apresentar o vídeo e somente uma pessoa havia aparecido? E ele só apareceu porque pensou que se tratasse de um vídeo sobre as artes marciais de Kerala. Ele sentiu tanta pena de mim que ficou enquanto eu acendia a lamparina de óleo e falava sobre a Amma e a turnê que se aproximava. Nem preciso dizer que ele não estava indo para Boston.

A situação ficou pior. Quando saí da sala, havia começado a nevar bastante. Eu tinha que andar vinte quarteirões, pois não tinha dinheiro nem para o ônibus. Abotoei a minha jaqueta e, com o rosto de encontro ao vento cortante, comecei a caminhar de volta. Sem compaixão, a neve foi aumentando e se transformando em tempestade de neve. Finalmente, foi demais para mim. Parei no meio da calçada e olhei para o céu; uma sensação de desespero total me invadiu. Tudo o que eu podia ouvir naquele vento sibilante eram as palavras que a Amma havia dito tantos meses antes: "Não peça nada e tudo o que você precisar virá para você, filha querida".

Lágrimas quentes correram sobre minha face e eu senti meus joelhos cedendo, à medida que eu me ajoelhava na neve, na calçada, naquela noite da cidade de Nova York. As pessoas me empurravam ao passar por mim, com pressa para sair da tempestade. E ali rezei. Coloquei todo meu ser naquela oração. Era uma chamada pedindo auxílio à Amma, para que ela, por favor, me ouvisse e me estendesse sua mão, que viesse a mim naquela situação desolada, desamparada e para que me fizesse saber se estava me ouvindo. Foi o meu momento de maior necessidade. Por que minhas mãos estavam vazias, Amma? Por que eu estava a cinco mil quilômetros de onde eu precisava estar? Como eu podia esperar prosseguir? Como eu poderia receber os monges em uma semana, quando não conseguia nem chegar a Boston no dia seguinte? Faltava alguma coisa da minha parte? Havia algum sacrifício mais que eu tinha que fazer?

Depois disso, eu não me recordo muito sobre a caminhada desses vinte quarteirões, exceto que fazia muito, muito frio. Na manhã seguinte, acordei em um apartamento vazio. Com um estado de ânimo triste, fui até a cozinha, onde havia um bilhete sobre a bancada, que dizia:

Querida Gretchen,

Não sei qual é o seu projeto, mas queria ajudar você... Ann

E ela me havia deixado três notas de 20 dólares. Eu sabia que a passagem para Boston custava 58 dólares. Fiquei com um nó na garganta, Amma havia se manifestado novamente.

O melhor, contudo, ainda estava por vir. Mais tarde naquele mesmo dia, quando cheguei à casa de meu pai, em Boston, ele me disse que duas famílias haviam tentado se comunicar comigo. Elas haviam telefonado naquela manhã, esperando me localizar; meu pai me entregou os números de telefone e eu telefonei para elas. Ambas disseram a mesma coisa: não conseguiam parar de pensar na Amma desde que a viram no vídeo há algumas semanas atrás. Na noite anterior, haviam sentido uma urgência em tentar me localizar. Elas queriam contribuir com algum dinheiro para a realização da turnê, para a pré-turnê que se aproximava e para a Amma, que chegaria em oito semanas; por certo, eu deveria estar precisando de alguma coisa. E ambas contribuíram com exatamente 5.000 dólares cada uma!

O sol ainda não tivera a chance de se pôr nem uma só vez desde que eu havia rezado à Amma. Ela não havia estendido somente uma mão, mas as duas para ajudar. Assim é a graça pura que é a Amma.

CAPÍTULO 6

Abrindo o caminho

Abril de 1987
Oakland, Califórnia

Como o convite para a Amma visitar os Estados Unidos havia vindo da família do irmão do *Swami* Paramatmananda, os Rosners, foi lá que peguei os monges para a pré-turnê. A residência dos Rosners, em um bairro de Oakland, tornou-se nossa base; a generosidade deles foi para nós um farol constante e acolhedor ao longo de toda a organização da primeira turnê mundial da Amma.

Eu havia acabado de chegar de Boston e corri para revisar as listas com Judy Rosner: lista dos mantimentos e temperos necessários; lista de agasalhos quentes com os tamanhos de todos; uma "lista de requisitos" para cada uma das 15 cidades grandes e pequenas que a Amma visitaria, abrangendo tudo, desde pegá-la nos aeroportos até os materiais de limpeza dos alojamentos. Além dessas, outra lista para as paradas na pré-turnê – tudo, desde panelas até os artigos de bronze necessários para o *puja* de boas-vindas à Amma. A lista principal dos contatos atuais, novos contatos, sugestões e pedidos. A lista de passagens aéreas e horários de voos. Em pouco tempo precisei de uma lista das listas, apenas para mantê-las atualizadas.

Observando-me da mesa da cozinha, Earl Rosner disse:

– Kusuma, vá devagar, sente-se no sofá e relaxe. A Amma está vindo, vai dar tudo certo. Não estrague a doçura da Amma arrastando-a a tantos lugares.

Minha reação foi imediata, suponho que devido ao cansaço.

– A doçura da Amma é permanente, não pode mudar. Nós já temos a Amma em nossas vidas. Ela está vindo para ver seus novos filhos. Ela não está viajando toda essa distância por nós. A doçura da Amma está em abraçar seus filhos, portanto, só temos que esperar por mais e mais doçura. Uma das maiores alegrias da Amma é acender a lâmpada do amor no coração de alguém. Por favor, não me diga mais isso.

De imediato fiquei aborrecida com a resposta ferina que deixei escapar, mas Earl apenas riu, como faria um irmão mais velho, e disse que admirava minha determinação e admitiu que talvez ele é que devesse sentar no sofá!

Embora minhas duas primeiras viagens de organização pelos EUA já tivessem ultrapassado 16.000 quilômetros, eu me sentia fresca como uma flor quando me dirigi ao aeroporto naquela manhã de 26 de março. Um círculo muito unido de aspirantes espirituais da Bay Area trabalhara diligentemente para organizar os 10.000 quilômetros seguintes, a pré-turnê, como a chamávamos. Eles fizeram panfletos, organizaram apresentações de vídeo, procuraram amigos e parentes ao longo do percurso, doaram seus veículos, compraram meias quentes e roupas de cama, prepararam deliciosas refeições vegetarianas, limparam a casa e passaram horas aguentando a mim e às minhas listas! A pré-turnê começaria no dia 1º de abril, em um velho, mas guerreiro furgão Dodge que Jack Dawson, um velho amigo da família Rosner, havia nos emprestado. Eu levaria os monges por todo o país, ida e volta, para que eles realizassem programas de *satsang* e *bhajan* em todas as cidades e povoados que Amma visitaria em maio, junho e julho. Minha esperança era que mais pessoas ouvissem sobre a próxima turnê da Amma, e que pudéssemos verificar os locais que haviam sido arranjados para os programas. Eu queria eliminar qualquer surpresa desagradável naquela oportunidade,

não quando a Amma estivesse em turnê. A pré-turnê seria um teste de tudo. Eu havia previsto seis semanas para este teste.

Larry Kelley, natural de São Francisco – que havia assistido à primeira apresentação do vídeo – e eu nos alternávamos ao volante enquanto percorríamos 1.600 quilômetros na direção norte, até Seattle, na primeira etapa da viagem. Primeiro viajamos para o Monte Shasta, onde o *Swami* Amritaswarupananda atirou sua primeira bola de neve e onde os monges dormiram pela primeira vez em barracas. Em seguida, fomos para Miranda, onde eles puderam ver pela primeira vez as majestosas sequoias. Scott Stevens, um velho amigo do Novo México, substituiria Larry como meu copiloto em todos os lugares do leste, e depois de percorrer outros 3.200 quilômetros, nós o encontramos em um local na metade do caminho, em Carson, Novo México.

Para as refeições, eu cozinhava um pouco de kitcheri em um pequeno fogão de acampamento. Chocolate quente e chá, nesse mesmo fogão, nos davam um pouco de conforto. Nas casas que nos acolheram, os monges tiveram seu primeiro contato com uma cultura completamente diferente. Uma recepção na qual cada um levava um prato de comida foi a primeira das muitas explorações alimentícias que iriam realizar. Swami Amritaswarupananda conheceu seu primeiro prato desagradável de "grama", também chamado de salada. Os monges conheceram os entusiásticos "abraços de urso" americanos de boas-vindas, os quais eu, rápida e diplomaticamente, aprendi a evitar que fossem dados.

– Nós somos monges, Kusuma. Poderia, por favor, impedir isso?

Cada monge recebeu de presente um novo saco de dormir da marca Coleman, que se tornou uma espécie de melhor amigo, à medida que cruzávamos as Montanhas Rochosas no início da primavera, pois fazia muito frio. A paisagem que atravessamos deve ter-lhes parecido como se estivessem em outro mundo! Eu não podia imaginar o quanto eles estavam ansiando pela Amma.

Na edição de março de 1987 do boletim *"Amritanandam"*, *Swami* Paramatmananda escreveu:

> Queridos irmãos e irmãs,
> Chegamos em 26 de março à casa de meu irmão, Earl Rosner, a pessoa que convidou a Mãe para vir aos Estados Unidos. Desde então, temos viajado com Kusuma e o Sr. Larry Kelly pela Califórnia, Oregon e Washington, indo aos lugares que a Mãe visitará, organizando seus programas e também cantando bhajans e nos reunindo com os devotos. A resposta tem sido muito boa e os devotos de todos os lugares estão esperando ansiosamente para receber o darshan da Mãe no mês que vem. Sentimos a Mão Divina da Mãe em cada passo e ficamos surpresos ao escutar as histórias narradas pelos devotos daqui sobre as experiências tidas através da Graça da Amma. Embora a forma física da Amma esteja a quase 20.000 quilômetros de distância, na Índia, seu Ser Todo Penetrante não parece ser limitado pelo tempo nem pelo espaço, pois ela abençoa seus filhos de todo o mundo! Kusuma nos leva de carro através de milhares de quilômetros por todos os Estados Unidos, organizando todos os programas da Mãe e os nossos, cozinhando para nós e, em geral, atuando como nossa pequena mãe, cuidando de nós de todas as formas. Por causa de todas essas atividades, ela não conseguiu encontrar tempo nesse mês para escrever o boletim e, por este motivo, Nealu agora está sentado diante da máquina de escrever, entre duas paradas.
> Em Amma,
> Br. Nealu (Swami Paramatmananda)

A presença dos monges foi extraordinária; eles, por si, revelavam a grandeza da Amma. *Swami* Amritaswarupananda tocou os *Hari Kathas* que havia composto, criando um clima de devoção sublime, enquanto íamos de uma cidade à outra. *Swami* Paramatmananda, nascido nos Estados Unidos, começou a dar palestras inspiradoras antes de cada apresentação de "Um Dia com a Mãe". Cantávamos com todo nosso coração, sem microfones, e sua divina presença vinha de forma muito poderosa. Eles realizaram programas incrivelmente transformadores. *"Prabhu Misham"* foi um dos *bhajans* da pré-turnê de 1987 que realmente emocionou as pessoas. Outros foram *"Gajanana"* e *"Kaya Pia"*, *"Gopala Krishna"* e *"Karunalaye Devi"*, *"Narayana Hari"* e *"Gangadhara Hara"*. As sessões de perguntas e respostas após a projeção do vídeo eram animadas e esclarecedoras. O que, há apenas um mês havia sido uma mera dúzia de pessoas assistindo à minha apresentação do vídeo, duplicou para uma frequência de 25 a 30 pessoas durante toda a pré-turnê. Cada vez mais pôsteres e panfletos da turnê da Amma eram distribuídos pelo caminho.

Mais 2.500 quilômetros de percurso e chegamos a Madison. Ali, na grama verde da fazenda da família Lawrence, nosso confiável furgão Dodge emprestado deu seu último suspiro. Foi um momento solene, e os monges realizaram um *puja* de encerramento por seu heroico serviço desinteressado. Ele havia nos transportado e abrigado pelos últimos 6.000 quilômetros, sem nunca ter-nos deixado encalhados em algum trecho solitário da estrada. Jack recebeu bem a notícia, mas eu tinha que planejar algo novo imediatamente, pois ainda estávamos na metade da pré-turnê, e o tempo se esgotava. Passagens de ônibus para Chicago, um voo barato para Nova York, uma viagem de trem pela costa Leste para chegarmos a Washington DC e Boston. Teríamos que voar de volta a São Francisco, não havia dúvida. Minha cabeça e meu coração estavam girando pelo esforço de manter o foco, com os pés no chão e o ritmo firme. Quando chegamos a Boston, faltavam dez dias para a Amma chegar à costa Oeste.

Recentemente, relembrando a pré-turnê com *Swami* Amritaswarupananda e *Swami* Paramatmananda, tivemos que fazer um grande esforço para nos lembrarmos de alguma dificuldade, embora a viagem pela estrada tenha sido extenuante. Havíamos rido e chorado inúmeras vezes ao longo do caminho, compartilhado os momentos profundos da presença da Amma, assim como sua graça pura, que nos tornava humildes e trazia lágrimas aos nossos olhos. A pré-turnê representou para todos nós uma fase de maturação em nossa vida espiritual. Estávamos envolvidos no processo de trazer a Amma para o mundo, uma enorme virada, e queríamos fazer isso da melhor maneira possível. Nosso esforço era nossa oferenda, sua graça era derramada sobre nós por todos os lados. Somente anos mais tarde eu soube que era bastante inusitado que os discípulos precedessem seu guru dessa maneira; mas, como eu não conhecia nada, com a bênção da Amma fizemos o necessário para difundir a primeira turnê da Amma pelo mundo.

Cito agora o grupo central, principalmente da primeira apresentação do vídeo "Um Dia com a Mãe" em São Francisco, sem o qual eu não estaria escrevendo este capítulo: George Brunswig, Tina Hari Sudha Jencks, a falecida Nancy Crawford (*brahmacharini* Nirmalamrita), o falecido Larry Kelley, Susan Rajita Cappadocia, Robin Ramani Cohelan, James Mermer, Cherie McCoy, Jack Dawson, Timothy Conway, Michael Hock, Scott Stevens, Candice Sarojana Strand, minha irmã Katherine Ulrich e, naturalmente, Earl e Judy Rosner. Este grupo esteve envolvido desde o início, fazendo verdadeiros sacrifícios para ajudar a trazer a Amma para o Ocidente e também foi o comitê de boas-vindas aos monges que realizaram a pré-turnê.

As famílias que hospedaram a Amma e os componentes da pré-turnê foram os Rosners, em Oakland; a família da falecida

Marion Rosen – Tina e Theo Jencks, de Berkeley; Ron Gottsegen e Sandhya Kolar, de Carmel; a família Iyer, de Palo Alto; Liesbeth e Ivo Obregon, de Santa Cruz; a falecida Elizabeth Wagner, de Weed; Susan Rajita Cappadocia, de Monte Shasta; Ken e Judy Goldman, de Miranda; a família de Terri Hoffman, de Seattle; a falecida Feeny Lipscomb e Bruce Ross, de Taos; Isabella Raiser e Bob Draper, de Taos; a família Schmidt, de Santa Fé; a família Pillai, de Albuquerque; Balachandran e Lakshmi Nair, de Chicago; a falecida Phyllis Rosner, de Chicago; Barbara, David e Rasya Lawrence, de Madison; Mary La Mar e Michael Price, também de Madison; Phyllis Sujata Castle, de Nova York; Gena Glicklich, de Boston; a falecida Mirabhai, da área de Washington DC; Kit Simms, de Maryland; a família Devan, de Connecticut; a família McGregor, de Pittsburgh; e o pessoal da granja *Plain Pond*.

A Amma arrumou tudo lindamente, como sempre, depois que empreguei todo meu esforço. Cada vez mais pessoas chegavam para ouvir sobre a Amma. Outros estavam em contato com a rede de pessoas que eu havia conhecido durante o verão. Pouco a pouco, um círculo muito maior de pessoas se dedicou a ajudar a acolher a turnê da Amma. A ideia da pré-turnê havia gerado muito entusiasmo, conforme esperávamos. Em maio de 1987, quando foi publicado o *First World Tour Souvenir* [Lembrança da Primeira Turnê Mundial], depois de um ano de esforços para a organização, 40 programas haviam sido organizados, representando a diversidade espiritual dos EUA:

TURNÊ DA SANTA MÃE PELOS ESTADOS UNIDOS - 1987

18 de maio	Chegada da Mãe ao aeroporto de São Francisco
19 de maio	Sociedade de *Yoga* de São Francisco
20 de maio	*Badarikashram*, São Leandro, CA

21 de maio	Casa de Meditação *Vipassana Harwood*, Oakland
22 de maio	Igreja Episcopal Cristã, Sausalito, CA
23 de maio	Primeira Igreja Unitária, São Francisco
24 de maio	Associação de Integração Cultural, São Francisco
25 de maio	*Darshan* de *Devi bhava*, residência dos Rosner, Oakland
26 de maio	Igreja da Unidade, Santa Cruz, CA
27 de maio	Clube das Mulheres de Carmel, CA
29 de maio	Casa de reunião dos Amigos Quakers, Seattle, WA
30 de maio	Igreja da Unidade, Bellevue, WA
31 de maio	*Darshan* de *Devi bhava*, residência de Terri Hoffman, Seattle
2 de junho	Fundação *Melia*, Berkeley, CA
3 de junho	*Whispering Pines Lodge*, Miranda, CA
4-6 de junho	Retiro na Comunidade *Morningstar*, Monte Shasta
7 de junho	*Darshan* de *Devi bhava*, tenda em *Morningstar*, Monte Shasta, CA
9-10 de jun.	Salão nobre do *St. John's College*, Santa Fé
12 de junho	Centro de Artes Cênicas, Taos, Novo México
13 de junho	Auditório Harwood, Taos
14 de junho	Benção das pedras do templo, residência dos Longo-Whitelock, Taos
15 de junho	Residência dos Pillai, Albuquerque
16 de junho	Centro de Meditação Lama Mountain, Lama Mountain, Novo México
17 de junho	*Darshan* de *Devi bhava*, residência dos Lipscomb-Ross, Taos
19 de junho	Igreja Branca em Quesnel, Taos
20 de junho	Templo de Hanuman, Taos

21 de junho	Celebração do Solstício da Mãe Divina, oferecido por Jameson Wells, de Pot Creek, NM
22 de junho	Residência dos Stevens, Carson, NM
23 de junho	*Darshan* de *Devi bhava*, residência dos Schmidt, Santa Fé
25 de junho	*Gates of Heaven* [Portas do Céu], Madison, Wisconsin
26 de junho	Casa de reuniões dos Amigos Quakers, Madison
27 de junho	Igreja Unitária, Madison
28 de junho	*Darshan* de *Devi bhava*, residência dos Lawrence, Madison
29 de junho	Templo hindu *Ramalayam*, Lemont, Illinois
1º de julho	Igreja da Vida Divina, Baltimore, Maryland
2 de julho	Igreja Unitária, Washington D.C.
4 de julho	Granja *Plain Pond*, Providence, Rhode Island
5 de julho	Centro Zen de Cambridge, Cambridge, Massachusetts
6 de julho	Ordem Sufi de Boston, Boston
7 de julho	Sociedade Teosófica, Boston
8 de julho	Universidade de Harvard, Cambridge
9 de julho	Antiga Igreja Batista de Cambridge, Cambridge
10 de julho	Instituto do Himalaia, Cidade de Nova York
11 de julho	*Ashram* do templo Geeta, Elmhurst, NY
12 de julho	Catedral de St. John, o Divino, Nova York
13-14 de jul.	Retiro na residência dos Devan, Connecticut
15 de julho	Partida da Amma para a turnê europeia

Nós encerramos a pré-turnê na Costa Leste e voltamos apenas dez dias antes da chegada da Amma. Havíamos aberto o caminho; finalmente chegou o momento de o mundo conhecer a Amma. 🪔

CAPÍTULO 7

No palco do mundo

São Francisco
18 de maio de 1987

Finalmente, o sol despontou naquele glorioso dia da chegada da Amma! Era um dia lindo, frio, e todos os preparativos para a chegada dela e do grupo haviam sido antecipados com extrema devoção. Tudo, desde a cadeira para o *darshan* da Amma até as verduras frescas, desde as meias novas até a roupa de cama limpa, tudo havia sido conseguido com a ajuda de todos. Havíamos alugado uma van branca de 12 lugares para atravessar a Bay Bridge e pegar a Amma e o grupo. Muitas das pessoas que haviam nos ajudado nos preparativos se uniram a nós para dar as boas-vindas à Amma no aeroporto internacional de São Francisco.

Não há palavras para descrever como eu me sentia naquela manhã. Todo o cuidado que eu tive naquele último ano, todas as distâncias percorridas, todas as tentativas e dificuldades, toda a graça da Amma que havia tornado possível aquele momento - tudo estava ressoando em meu interior. Observei a fisionomia dos filhos da Amma, que estavam prestes a conhecê-la; com que afinco eles trabalharam, quão suaves e lindas eram suas fisionomias naquele momento de expectativa. O filho dos Rosners, Gabriel, pulou nos meus braços para poder ver melhor a Amma, enquanto ela deslizava, tão graciosa quanto um cisne, pela sala de chegada do aeroporto de São Francisco para nos encontrar. Eu nunca havia visto aquela expressão na Amma. Ela era sempre radiante e presente, mas naquele momento ela estava incandescente. Cada partícula

de seu ser resplandecia e emitia energia, como uma enorme onda
se quebrando na praia.

AMMA EM CASA!

Presentearam-na com uma guirlanda de flores, além de uma
embalagem com chocolates Kisses, da Hershey, que outra pessoa
lembrou-se de lhe trazer. Amma começou a distribuí-los, dando a
cada pessoa um abraço e um Kiss. Sentamo-nos por um momento
perto da Amma, enquanto uns retiravam as malas e outros traziam os veículos. A Amma estava simplesmente luminosa, e todos
nos deleitávamos em silêncio com seu resplendor, como se aquele
momento nunca fosse acabar. Ela estava tão natural, conversando
com todos, perguntando seus nomes e fazendo todos rirem com
alegria ao ouvir a voz dela pela primeira vez, contando alguma
história sobre a longa viagem.

Finalmente a Amma e o grupo se acomodaram na van branca,
depois de toda a bagagem ter sido contada; em seguida, a caravana
se dirigiu para o leste para cruzar a baía. Lembro-me de ter olhado
no espelho retrovisor enquanto tirava o veículo da vaga; a Amma
estava recostada no assento e olhava silenciosamente pela janela,
vendo os Estados Unidos pela primeira vez.

Na manhã seguinte, na residência da família Rosner, a Amma
começou a dar o *darshan* para um pequeno grupo de devotos
ansiosos, que não conseguiam esperar até a tarde para comparecer
ao primeiro programa da Amma. Lembro-me particularmente do
falecido Steve Fleischer e de sua esposa, Marilyn Eto; de Dennis
e Bhakti Guest, que de algum modo haviam sido guiados à casa
para encontrar a Amma naquela primeira manhã; e, naturalmente,
de Tina, Nancy, George, Tim, Robin, James, Jack e Cherie, que
tanto haviam ajudado no ano anterior e também estavam ali.

A Amma principiou com uma longa meditação, seguida de
uma sessão de *darshan*, pontuada por sua voz cantando *bhajans*

namavali (canções devocionais que repetem os nomes do Senhor) simples, enquanto abraçava cada pessoa. Após algumas horas, o programa terminou; todos se dispersaram para pregar algum cartaz de última hora pela cidade e se aprontarem para o primeiro programa noturno na Yoga Society de São Francisco.

PRIMEIRO PROGRAMA NOTURNO DA AMMA

São Francisco
19 de maio de 1987

Pode soar estranho, mas naquela primeira noite eu estava tremendamente nervosa levando a Amma e o grupo de carro para São Francisco. Lembro-me de ter olhado como minhas mãos apertavam o volante enquanto cruzávamos a Bay Bridge no sentido oeste. Os nós dos dedos estavam brancos devido à força do meu aperto. "Respirações profundas", repetia a mim mesma. "Apenas recite seu mantra, continue recitando". Por que eu estava tão nervosa? Considerando todos os esforços feitos, minhas dúvidas principais naquela noite eram: "Aparecerá alguém? A Amma será recepcionada adequadamente? A Yoga Society ficará decepcionada por ter sediado o programa da Amma e a sala não ter ficado lotada?" Tais pensamentos me passavam pela cabeça enquanto eu virava a esquina para estacionar em frente à sala.

Que espetáculo meus olhos viram! As pessoas estavam em fila por todo o quarteirão aguardando para entrar! Uma onda de alívio me invadiu e imediatamente relaxei; saí da van para ajudar a Amma a descer e atravessar uma linda multidão de entusiastas. Uma pessoa colocou uma guirlanda na Amma e fomos conduzidos para o interior da sala.

Uma pequena elevação servia como palco, grande apenas o suficiente para caber todos nós, e naquela noite, a única noite nos Estados Unidos em que isso aconteceu, a Amma cantou sem nenhum sistema de som. Ela fez o céu se abrir com seu canto, e

o céu nos envolveu. "Gajanana He Gajanana", "Gopala Krishna", "Shristiyum Niye", "Karunalaye Devi", "Prabhu Misam" e "Durge Durge" — posso ouvir a Amma cantando-as agora, como se tivesse sido apenas ontem. Continuei observando o público para ver a reação. É difícil encontrar palavras para descrever aquela cena — o grupo principal de pessoas estava todo acumulado logo na primeira fila, a um metro e meio de distância da Amma, balançando-se enquanto ela cantava. Os olhos de todos estavam sobre a Amma. Eles estavam paralisados e completamente em silêncio. Muitos deles haviam cantado cantos devocionais durante mais de uma década com outros grupos de *satsang*, mas algumas de suas expressões revelavam que nunca haviam ouvido ou sentido nada semelhante em sua vida. Algumas pessoas com certeza choravam, mas a expressão predominante era de admiração.

Eu havia trabalhado durante um ano com algumas delas e ansiava estar presente em seu primeiro abraço de *darshan*, mas parecia que o *darshan* já havia começado para alguns deles... A Amma cantou uma longa série de *bhajans* e ninguém saiu do lugar. No final, depois de recitar as orações de encerramento, houve um profundo silêncio. Todos nos sentamos e esperamos, sem querer perturbar o momento com algum movimento. Em seguida, a Amma deu *darshan* até tarde da noite. Naquela noite em São Francisco, muitas, muitas pessoas receberam da Amma o primeiro do que viria a ser uma série de chocolates Kisses, no suave aconchego do abraço da Amma, para nunca mais serem as mesmas novamente.

Voltando de carro para Oakland, os monges mencionaram a questão do sistema de som. Não seria possível, especialmente naquele clima frio, a sessão de *bhajans* ser acústica. Amma perguntou sobre o tamanho das demais salas. Enquanto eu descrevia o tamanho, ficou claro para mim também que precisaríamos viajar com um sistema de som.

TESTANDO, TESTANDO, UM-DOIS, UM-DOIS...

Na manhã seguinte fui de carro até o centro de Oakland para procurar uma loja de música, enquanto os devotos se reuniam na residência dos Rosner para a meditação matinal e o *darshan*. Vestida com meu conjunto Punjabi branco, eu destoava completamente. Encontrei uma loja de suprimentos de música de rock-and-roll e cada canto estava entulhado de produtos. Pendurados no teto estavam guitarras elétricas, ukeleles, saxofones e alto-falantes enormes... Qualquer coisa que você quisesse, havia nessa loja. Havia pôsteres de astros do rock e músicos de jazz, muitos deles autografados, colados nas paredes. As vitrines estavam abarrotadas com todo tipo de microfones que se possa imaginar; cabos, caixas de instrumentos, pedestais de microfones, luzes negras, máquinas de gelo seco, *mixers*, amplificadores, grandes e pequenos. Ali tudo podia ser comprado. Sentindo-me um pouco fora de lugar e desejando não ter ido sozinha, aproximei-me do balcão para pedir ajuda.

Eles já haviam me visto. Um vendedor ficou esperando. Sorri timidamente e disse:

– Oi! – senti a boca seca, mas eu tinha que ir em frente. – Preciso de um sistema de som.

– Para que tipo de música?

– Cantos devocionais da Índia oriental, harmônio, *tablas*, vozes potentes, pessoas sentadas no chão, viajando em turnê.

O vendedor entendeu bem o que eu disse, nada que ele já não tivesse ouvido antes.

– Quanto dinheiro quer gastar?

– Não muito.

– Apresentação ao vivo ou gravação em estúdio? Quem é seu engenheiro de som?

– O que é um engenheiro de som?

Ele ergueu um pouco sua sobrancelha.

Darshan no aeroporto de San Francisco

– Quantos músicos? Você planeja fazer alguma gravação?

– Sim, sem dúvida.

O vendedor saiu rapidamente e entrou em um quarto nos fundos. Voltou logo e, abrindo espaço em um balcão, montou um sistema básico para mim em menos de 20 minutos. Ele recomendou um *mixer* Peavey simples com amplificador embutido. Ótima qualidade de som por um bom preço, confiável, fácil de usar, resistente para viagens e com dez entradas para microfones. Vendido. Dois alto-falantes com pedestais, um conjunto de microfones de voz com pedestais e cabos; também encomendou estojos resistentes para o transporte. Escolhi na cor laranja. Estariam prontos em uma semana. Tudo ainda dentro do orçamento. Aquele vendedor era bom. O último item era um microfone para a Amma. Para ele eu havia reservado um valor maior.

– Nossa cantora solista tem uma voz poderosa. E balança quando canta – ouvi a mim mesma dizendo.

Ele ficou pensativo por um momento, em seguida pegou o microfone de um estojo na vitrine e o entregou a mim.

– Este é o modelo que Aretha Franklin usou por muitos anos – disse ele – Ela escolhia esse microfone ao invés de outros mais caros porque gostava muito do som, ele combinava com sua voz.

Ele me convenceu ao dizer "Aretha"; comprei o microfone.

O vendedor perguntou-me novamente quem seria o engenheiro de som. Quando lhe respondi que seria eu mesma e que não tinha experiência, ele assentiu com a cabeça:

– Então está bem, você precisará aprender como funciona.

Assim, recebi um curso intensivo de como configurar o sistema, ajustar os níveis e balancear a mixagem e mais algumas indicações sobre o que eu deveria observar. Na primeira noite não faríamos gravações. Ele tinha bastante certeza de que eu tinha tudo de que poderia precisar. Quando voltei para a casa da

Amma, o *darshan* havia acabado e o grupo estava descansando. Fiz um *archana* e orei pedindo uma bênção.

Dirigi-me ao salão com o equipamento novo, e lá estavam os devotos que haviam chegado mais cedo para ajudar a decorar o salão. Estavam todos animados com a felicidade do pós-*darshan* e foram de grande ajuda. Carregamos o sistema de som até um local adequado e cuidadosamente o retiramos das caixas. Eu tentava parecer que sabia o que estava fazendo. Enquanto eles arrumavam o palco, decoravam-no com flores e preparavam o altar, comecei a suar para fazer a montagem. Segui cuidadosamente as instruções que havia recebido, colocando metodicamente os microfones nos lugares, sem emaranhar os cabos, fazendo uma anotação mental de qual microfone estava com qual número de placa de som, mantendo o suporte do microfone da Amma para o lado, para que ele não ficasse na frente dela quando ela se sentasse. Fiquei satisfeita. Eu tinha feito o melhor que podia. O resultado estaria nas mãos da Amma. Manter-me desapegada e lembrar-me de que: "Eu não sou aquela que faz", era tudo o que restava a ser feito. Voltei de carro bem a tempo de pegar a Amma e o grupo.

Quando chegamos ao salão, saltei da van e pedi a um membro do grupo para estacioná-la por perto. Levei a Amma para dentro do salão até o palco, e corri a toda velocidade para posicionar o pedestal do microfone. Amma fez uma reverência, como sempre faz ao tomar seu lugar antes de um programa. Em seguida, olhou lentamente para todas as pessoas que haviam vindo ao programa. Era uma grande multidão, e o silêncio era absoluto. A Amma olhou para mim e fez um minúsculo gesto na direção do microfone, como se fosse o que eu sempre fazia, colocar o microfone para a Deusa do Universo! Recitando meu mantra, coloquei o microfone e olhei para ver a reação da Amma. Ela arqueou a mesma sobrancelha, de modo idêntico ao do vendedor, naquela mesma manhã! Tive que abafar um riso. Nada escapava à Amma! Ela estava conosco, observando-nos e protegendo-nos ao mesmo tempo, fosse algo grande ou algo pequeno. Sua capacidade de confirmar sua presença constante através de uma comunicação sutil era impecável. Entretanto, se não estivéssemos prestando atenção, a comunicação sutil poderia facilmente passar despercebida. Havia se passado apenas meio segundo, e tudo o que eu precisava saber havia sido comunicado. A Amma sorriu tão docemente para mim, estendeu a mão e deu-me sua bênção, tocando o topo da minha cabeça. Isto era tudo o que eu precisava. Meu nervosismo se esfumou. Tomando meu lugar na mesa de mixagem, lentamente aumentei o volume de cada microfone e respirei aliviada. Tudo fluiu sem problemas. O microfone da Amma era fantástico.

As regiões da *Bay Area* e do norte da Califórnia foram afortunadas por quase duas semanas de programas da Amma naquele primeiro ano, desde o Monte Shasta, ao norte, até o extremo sul, em Carmel. A Amma estava completamente à vontade em qualquer lugar que estivesse. Já havia um séquito de devotos que comparecia a um programa após o outro; muitos deles haviam assistido à primeira apresentação de vídeo em São Francisco, quase um ano antes.

O PRIMEIRO DEVI BHAVA

O primeiro *darshan* em *Devi Bhava* da Amma fora de Amritapuri foi realizado nos Estados Unidos, em um lugar atípico. De manhã bem cedo, a Amma desceu as escadas e estava espiando cada cômodo da casa dos Rosners. A princípio não entendemos o que ela estava procurando, mas logo descobrimos. Ninguém sabia se a Amma realizaria ou não um *Devi Bhava* fora da Índia, mas isso era o que estava na mente da Amma naquela manhã. Um cômodo lateral da casa tinha quase o tamanho do *Kalari* em

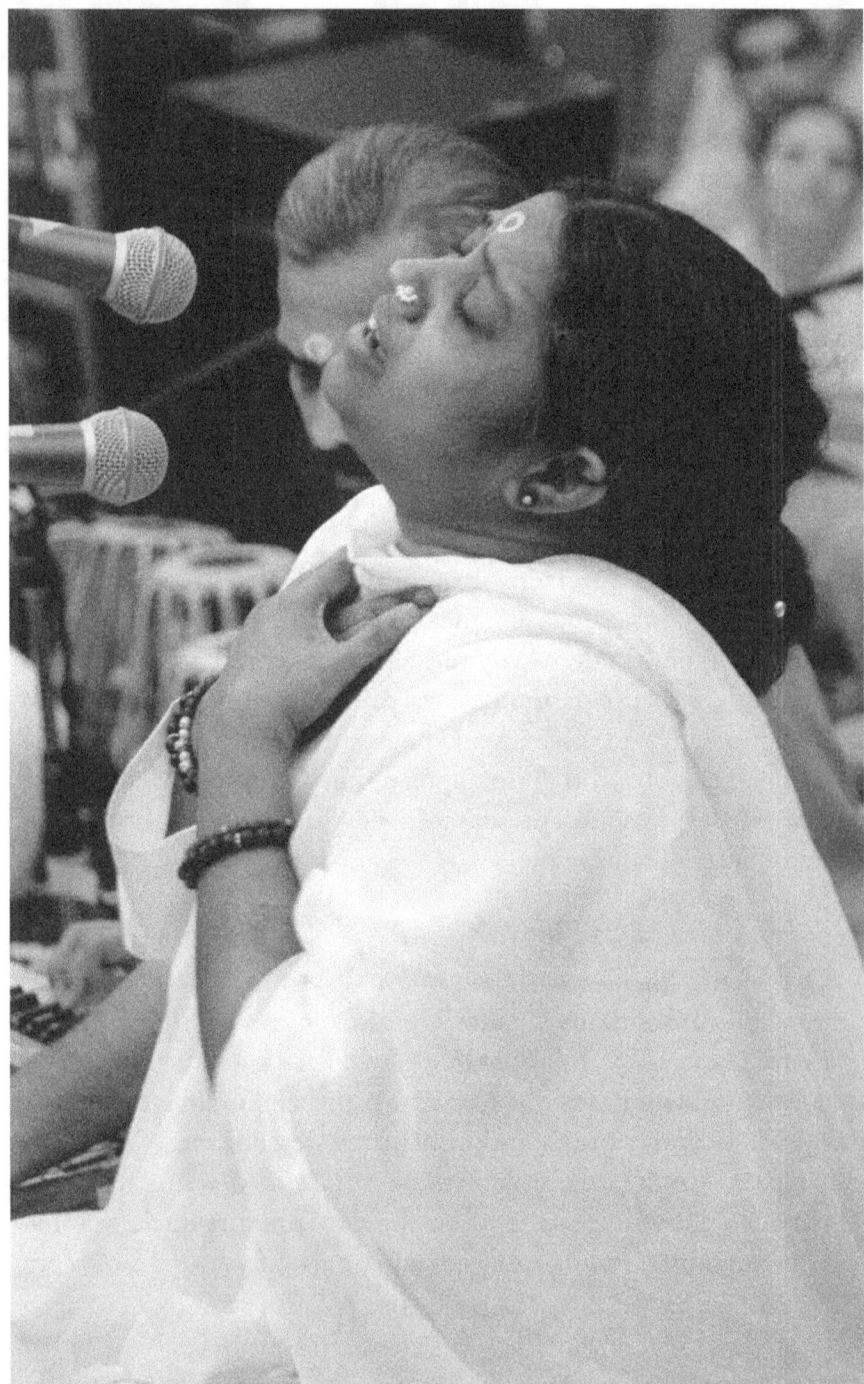

Amritapuri; tinha duas portas envidraçadas abrindo-se para uma área maior da sala de estar. Aquele foi o espaço que ela escolheu.

O anúncio foi feito durante o *darshan* da manhã e novamente no programa da noite – a Amma se sentaria para o *Devi Bhava* na noite seguinte, começando às 20h30. No dia seguinte, sáris de seda foram pendurados por toda parte como decoração; procurávamos um assento adequado para a Amma e uma pequena mesa onde colocar a bandeja do *prasad*. Um altar simples foi arrumado na parede do fundo com uma foto da Mãe Divina e uma lamparina a óleo, de bronze; um magnífico arranjo de flores silvestres e uma tigela com frutas deram o toque final. Ao fundo foi pendurada uma mandala de artesanato folclórico em tons de terra, que eu havia comprado em Kochi.

Apesar de 1987 ter sido uma época anterior à do telefone celular, as notícias eram transmitidas oralmente, e muitas pessoas começaram a chegar ao final da tarde. Logo a casa ficou lotada, com mais pessoas ainda no gramado do jardim da frente. Para os *bhajans,* os monges haviam se colocado em frente às "portas do templo", que logo seriam abertas para revelar ao mundo ocidental, pela primeira vez, a impressionante visão da Amma em *Devi Bhava.*

Perto das 20h30, os potentes cantos devocionais já estavam sendo ouvidos por mais de uma hora, e os devotos estavam cheios de expectativa. Três de nós estávamos dentro do templo caseiro, enquanto a Amma se preparava. O *pujari* havia trazido uma lamparina de *arati* de várias camadas, que foi usada com cânfora. A assistente da Amma estava dando os últimos retoques em tudo, enquanto eu polia a coroa de prata. A Amma havia escolhido um lindo sári verde escuro para aquela noite. Coloquei a coroa sobre o *pitham* para a bênção da Amma e permaneci alerta, recitando meu mantra com atenção, esperando o sinal para abrir as portas do templo para a canção de abertura do *Bhava Darshan*, "Ambike Devi".

Apesar de ter assistido a muitos *Devi Bhava* da Amma no *Kalari* da Índia, a sensação naquela noite era claramente diferente, como se uma corrente de energia do interior da terra estivesse fluindo para a sala com uma silenciosa e palpável pulsação. Por fim, a Amma ficou pronta e sentou-se com os olhos fechados sobre o *pitham* que havíamos preparado, segurando pétalas de flores em ambas as mãos, embora sutilmente eu pudesse sentir a espada e o tridente. Infelizmente a assistente havia se esquecido de trazer os sininhos de tornozelo da Amma; era a primeira vez que isso acontecia! A Amma estava vibrando a uma tremenda velocidade, e o ar estava ficando muito aquecido, estalando com eletricidade. A lâmpada de *arati* foi acesa e, inesperadamente, a sala deu uma ligeira guinada para um lado; lembro-me de ter pensado: "Ah não, um terremoto logo agora?" Olhei para as outras duas pessoas no templo e elas também estavam muito sérias, o que não me serviu de conforto. O que estava acontecendo?

Quando olhei para a Amma compreendi que ela era a fonte da sobrecarga de energia. Tudo emanava diretamente dela. Pensei comigo mesma: "Meu Deus! A Amma vai arrancar a casa de seus alicerces!" Naquele mesmo momento, um maravilhoso pensamento invadiu minha mente, que a ancestral Mãe Divina do Universo estava se manifestando nos Estados Unidos naquele exato momento, rompendo o pesado véu material com uma força tremenda e espontânea. Uma eternidade transcorreu antes que a sala se estabilizasse, e Amma fez um gesto para abrir as portas do templo. Havia nuvens de fumaça de cânfora pelo ar e a Amma estava irradiando calor, luz e eletricidade indescritíveis, como eu nunca havia presenciado. Ela começou a receber os primeiros devotos. Senti como se a terra inteira tivesse se aberto e a Amma estivesse extraindo para a sala aquela energia primordial do mais

profundo e denso recôndito da existência, trazendo-a para nascer aqui, nos Estados Unidos. Lembro-me de ter pensado: "Acho que as coisas aqui nunca serão as mesmas".

Em 1987, a Amma fez o *Devi Bhava* nos lugares mais inusitados. No Monte Shasta, o local foi uma tenda montada em uma campina na montanha, ainda por cima em uma noite de lua cheia! Em Madison, ela sentou-se para o *Bhava Darshan* em um rústico galpão de ordenha, construído na virada do século, na propriedade da família Lawrence. A casa dos Schmidt, dos Hoffman, dos Ross-Lipscomb, todas foram anfitriãs da *Devi* enquanto ela abençoava os devotos. Não havia limites para a Amma manifestar o poder pleno e potente da Mãe Divina. Finalmente, seus filhos a estavam conhecendo, e ela lhes enxugaria as lágrimas, independentemente da hora ou do lugar.

MONTE SHASTA

O Monte Shasta é o Arunachala da Califórnia. É uma montanha vulcânica, que muitos consideram como sagrada por personificar o Senhor Shiva. Em 1986, através de Larry Kelley, entrei em contato com Susan Rajita Cappadocia, uma jovem exuberante de 25 anos de idade, a mesma que a minha. Ela se sentiu conectada com a Amma logo na primeira apresentação de vídeo e se esforçou muito para levar a primeira turnê da Amma nos Estados Unidos à sua cidade natal, Monte Shasta.

A comunidade de Morningstar, onde Susan morava, localizava-se no aclive da montanha e proporcionava uma paisagem de tirar o fôlego. Os primeiros programas diurnos foram realizados ali, e parecia que todo o povo de Monte Shasta estava em peregrinação à Amma, que se encontrava sentada na montanha que eles tanto amavam. A Amma também usufruiu da beleza, apontando vários aspectos da natureza que chamavam sua atenção. Após o programa, a Amma fez um passeio pela propriedade e encontrou uma yurta –um abrigo arredondado, como uma tenda nômade, montado em meio a uma linda campina florida. Após alguns momentos verificando os arredores e dando uma olhada na pitoresca estrutura de lona, ela disse que faria ali o *Devi Bhava* na noite seguinte, de lua cheia. O estado de ânimo dos devotos subiu como uma flecha quando ouviram a tradução do que a Amma acabara de dizer.

No dia seguinte, enquanto a Amma dava *darshan*, toda a nossa atenção voltou-se para transformar a tenda em um templo. Começamos preparando o entorno: os arbustos foram cuidado-samente aparados para dar espaço aos devotos, e lonas foram estendidas no solo em frente à tenda, onde os monges poderiam cantar os *bhajans*. Enrolamos quase metade da lona que estava amarrada às paredes de treliça para liberar a vista para o interior do templo-tenda. Sáris de seda coloridos foram pendurados para decorar o interior, e um altar foi cuidadosamente montado bem atrás do *pitham* da Amma. Cerca de 200 pessoas vieram para a cerimônia de abertura. Rajita, anos mais tarde, lembrou: "Quando as cortinas se abriram e olhei para a Amma, vi uma chama divina, seu corpo vibrando como se um potente rio caudaloso estivesse dentro dela. Foi extremamente impactante".

Senti uma enorme alegria vendo as pessoas se conectarem com a Amma em toda sua glória. Cada quilômetro, cada refeição que perdi, a exaustão, até a perda do meu visto - tudo tinha valido a pena para presenciar o encontro da Mãe Divina com seus filhos. Meu instinto havia estado certo o tempo todo: havia uma Mãe Divina neste mundo, e todos os seus filhos a estavam encontrando!

LIMONADA NA BEIRA DO RIO

No trajeto para o Norte, de Santa Fé a Taos, há um trecho de estrada perigoso perto do Rio Grande. Em algumas partes, não há nem espaço para sair da estrada e trocar um pneu, de tão próxima que fica ao rio. Estávamos no meio deste trecho, de 15 quilômetros, quando a Amma disse que estava com muita sede. Pensei por um momento, mas sabia que não havia nenhuma loja ou parada por quilômetros. De novo, a Amma disse que estava com muita sede, o que podíamos fazer? Então, me dei conta de que estávamos perto da casa da Meadow, a mesma amiga que havia me contado sobre a "Mãe Divina da Índia" tantos anos atrás. Logo apareceu a ponte que indicava o acesso à sua propriedade. Pedindo permissão à Amma, saí da estrada principal.

Tenho que comentar sobre esta ponte, porque ela é muito antiga, de aparência desconjuntada, feita de tábuas de madeira, suspensa por grossos cabos de aço sobre o rio turbulento. Eu sabia que, embora parecesse frágil, era certificada pelo engenheiro estadual a cada estação do ano para permitir a passagem de carros e caminhões. Ao ver o estado da ponte, os monges gritaram:

– Pare!

Assim fiz, o tempo todo explicando que a ponte era segura. Mesmo assim, eles me proibiram de cruzar de carro. Então, estacionei a van, e todos cruzamos a ponte a pé com a Amma.

Você pode imaginar a surpresa de Meadow, Ajna e River-song quando viram quem estava chegando pelo caminho da entrada? A Meadow veio correndo pelo jardim com as meninas logo atrás. A Amma abraçou a todas, enquanto eu contava que Meadow foi quem me falara sobre a Amma pela primeira vez, e a Amma sorria com cumplicidade o tempo todo. Aparentemente, por coincidência, elas tinham acabado de preparar uma grande jarra de chá de ervas feito com a luz do sol. Trouxeram copos, e nos sentamos para desfrutar do som do rio, da vista das encostas coloridas de La Barranca bem atrás de nós, e do delicioso chá solar, que saciava a sede. Enquanto eu observava Meadow e suas filhas se deleitando no êxtase da presença da Amma, me dei conta que os pedidos repetidos da Amma por alguma coisa para beber tinham sido apenas sua forma de nos trazer para esse local, de forma que as orações de Meadow de um dia encontrar a Mãe Divina pessoalmente pudessem ser atendidas. Com o passar dos anos, vim a identificar que esse era o modo da Amma fazer as coisas: em vez de fazer estrondosos pronunciamentos revelando sua onisciência, ela age como se precisasse de algo pequeno, ou encontra alguma desculpa para orquestrar eventos de tal forma que as orações inocentes de seus filhos possam ser atendidas, enquanto oculta seu verdadeiro poder. Há muitas histórias parecidas na vida de *Sri* Krishna. Na realidade, o próprio fato de a Amma se esforçar tanto para ocultar sua onisciência é um testemunho de sua humildade.

MOMENTOS DIFÍCEIS

Considerando o conjunto dos eventos, tudo fluiu bem durante a primeira turnê, mas nem sempre. Os momentos difíceis, entretanto, foram como marcos no caminho, enormes provas para mim; em retrospectiva, eles se destacaram como momentos decisivos em minha jornada espiritual com a Amma. Esses tremendos erros me trouxeram uma conscientização mais elevada do caminho espiritual e consequentemente me forçaram a corrigir a mim mesma.

Um desses momentos ocorreu no início da turnê. Dennis e Bhakti Guest, de Orinda, generosamente haviam nos emprestado uma van Volkswagen Westfalia para viajarmos até Miranda e Monte Shasta. Era uma longa viagem da Bay Area até Miranda, e ter um veículo a mais significava que a Amma e os outros teriam um pouco mais de espaço para se acomodarem. Quando nos pusemos no caminho de Miranda até Monte Shasta, a estrada era incrivelmente linda, mas cheia de curvas. Meu primeiro erro foi não ter sido cuidadosa ao escolher a estrada. Sim, no mapa constava que a rota era a mais curta entre os dois pontos, mas, na realidade, a estrada foi uma tortura para todos. Mais de três horas de tortura. Todos, exceto eu, a motorista, ficaram enjoados; e, por mais que quiséssemos que a viagem terminasse o mais rápido possível, não era possível dirigir rápido em uma sinuosa estrada secundária de mão e contramão.

Enquanto os quilômetros avançavam lentamente, minha agonia mental aumentava na proporção direta dos gemidos vindos dos assentos traseiros. Se eu pelo menos tivesse verificado com mais cuidado se havia uma rota alternativa mais suave... Jurei a mim mesma que, daquele momento em diante, eu consultaria os devotos locais para escolher um caminho. Naquele momento, não havia nada que eu pudesse fazer, exceto me concentrar na estrada à minha frente e tentar suavizar a direção em um terreno com o qual eu não estava familiarizada. Mas o pior ainda estava por vir.

Quando finalmente chegamos à região do Monte Shasta, peguei a saída errada por não ter anotado as orientações exatas que haviam sido dadas pelo devoto em cuja casa a Amma se alojaria. Dizer simplesmente que me faltou atenção ao fazer os planos para esta parte da viagem seria omitir a dimensão do erro! Ai. Lembre-se de que na época não existia telefone celular para pedir ajuda. Retornei à I-5 e, de alguma forma, lembrei-me de que a saída era "Edgewood-Weed" e não "Mount Shasta". Depois de tomar essa saída, percebi um carro vindo na direção contrária piscando os faróis para mim. Era uma devota moradora da região que havia nos visto. Pelo menos alguém estava prestando atenção... Saí da estrada, parei em uma área de descanso com gramado, e esperei que a devota fizesse a volta e nos alcançasse.

Naquele momento, a Amma começou a me repreender, per-guntando-me se eu sabia ou não para onde estávamos indo e por que eu não havia sido mais cuidadosa ao organizar tudo.

Não havia nada que eu pudesse falar. A Amma estava certa. Eu não tinha sido atenta, não me havia ocupado de todos os detalhes. Quando a Amma repreende um de seus discípulos, as palavras têm poder verdadeiro - o poder do universo. Suas palavras podem afetá-lo profundamente. Causam um profundo impacto. Ela age assim intencionalmente, porque quer deixar uma marca que transforme essa pessoa e a torne mais alerta no futuro. *Shraddha* - consciência alerta – é essencial para um aspirante espiritual. Sem ela, não podemos progredir. Como uma pessoa vai poder transformar suas ações, palavras e pensamentos negativos, se não estiver suficientemente alerta para, antes de mais nada, dar-se conta da presença dessas negatividades? Eu entendia, mas parte de mim não aceitava. Parte de mim sentia: "Pera lá, não é minha culpa. Essas coisas acontecem". Talvez tenha sido por eu não aceitar plenamente os ensinamentos da Amma que o fato seguinte ocorreu.

Naquele momento, o carro dos devotos havia chegado ao acesso para a saída, e eles me faziam gestos para que eu os seguisse. Engatei a ré e comecei a manobrar quando, de repente, "BUM" – batemos em alguma coisa. Todos gritaram. Desliguei o motor, puxei o freio de mão e saí da van para dar uma olhada. Oculto na grama alta havia um poste de metal com cerca de um metro de altura. Havia um grande amassado no para-choque traseiro. O que aquele poste estava fazendo ali? Eu não sabia, mas a imagem do aço impassível me impressionou. Mente firme, progresso constante. Pelo menos pude aprender com um poste o que não consegui aprender com minha mestre. Quando voltei a entrar na van, a Amma estava sorrindo. Disse para não me preocupar: eu havia curado o enjoo de todo mundo!

Perder-se no caminho é algo que pode acontecer, mas em primeiro lugar, se eu tivesse prestado atenção aos detalhes, teria evitado tudo isso. Aceitar o que vier, elogio ou censura, com a mente inabalável, essa era outra lição para mim. Eu tinha orado fervorosamente para alcançar a meta da vida espiritual; mas, para que isso pudesse acontecer, eu precisaria perder meu sentido do ego e meu orgulho. Sem dúvida é um esporte difícil, mas é o que necessitamos para atingir a meta. Se ganhamos pirulitos quando errarmos, não aprendemos.

Quando a Amma viu uma discípula sem atenção, mantendo a autocomplacência mesmo depois de ter sido alertada sobre sua desatenção, então, a Amma estava apenas fazendo seu trabalho ao ser rigorosa nesses assuntos. Ela leva muito a sério seu papel de professora. Quanto mais ansiarmos por atingir a meta, mais severa ela será para desarraigar nossas negatividades. Mas nós também precisamos desempenhar igualmente bem o papel de discípulos - com seriedade e sinceridade, para mudarmos nosso caráter. Se a Amma traz à nossa atenção algo que precisa ser corrigido, precisamos estar dispostos a nos modificar. Caso contrário, estaremos desperdiçando o tempo de todos.

Parecia-me que a presença da Amma lançava luz sobre o melhor e o pior de cada pessoa. A presença dela pode ser comparada a quando se joga água fresca em uma garrafa suja. Inicialmente, a sujeira sai. Somente depois é que a água limpa ficará transparente. Este processo pode demorar muito para ser concluído, dependendo da quantidade de sujeira na garrafa, até de muitas vidas. A pessoa deve ter a graça e a intuição para compreender o que está acontecendo, confrontar a sujeira e descartá-la para sempre.

A Amma cumprirá o objetivo pelo qual viemos até ela – nos levará à meta – estando atenta à mente dispersa de seu aluno. Entretanto, foi preciso outro grande tranco no caminho para que eu conseguisse realmente cair em mim, como ocorre com aprendizes lentos e com maus hábitos.

O tranco aconteceu no Novo México. A Amma havia chegado a Taos e o programa noturno no Auditório Harwood estava muito concorrido. O lugar onde ficaríamos alojados naquela noite era fora da cidade, e a pessoa que havia oferecido a casa para a

Amma e o grupo estava fora naquele momento. Eu havia delegado a preparação da casa para um casal de lá mesmo, enquanto eu me ocupava com os detalhes do programa noturno. Entretanto, quando chegamos, tarde da noite após um demorado *darshan*, era óbvio que a casa não estava pronta. Aquela noite terminou sendo a pior de toda a turnê para mim.

Quando estacionamos, não havia ninguém para nos receber. A casa estava fechada e escura. Eu me perguntava se havia errado de lugar. Mas não. Logo chegou de carro o casal a quem eu havia delegado a preparação da casa. Meu alívio durou pouco, contudo. Quando nos levaram para dentro da casa, dei uma olhada na cozinha. Havia pratos sujos na pia. Ao levar a Amma até o quarto, estremeci de vergonha ao ver que as camas nem sequer estavam arrumadas. A casa não estava preparada nem para receber um convidado comum, muito menos a Mãe Divina. Não que aquelas coisas fossem importantes para a Amma, mas eu fiquei mortificada por ter negligenciado totalmente meu dever de fazer a última revisão e comprovar que as acomodações estariam todas arrumadas. Não se tratava de um detalhe mínimo, mas não podia fazer nada a respeito às 3h da madrugada. A Amma suportou esta experiência sem fazer nenhum comentário, sentou-se para ler a correspondência e jantar.

A Amma pôde ver minha consciência interior e observar que eu não precisava de uma repreensão. Eu já havia extraído uma lição daquela situação. Saber que minha falta de atenção havia praticamente deixado a Amma na rua era insuportável para mim. Entretanto aquela jovem que já não está com a Amma foi impiedosa. Tenho que admitir que, embora estivesse compungida, ao ouvir suas palavras humilhantes, ainda mantive uma atitude de "estou fazendo o melhor que posso".

A boa notícia é que isso não voltou a acontecer. A má notícia é que o dia seguinte culminou em uma série de escolhas que tornaram a lição ainda mais forte. Deixando para trás a casa suja e mal equipada, fomos para um lindo lugar na montanha Lama, 25 quilômetros ao norte de Taos. Pelo menos a estrada não era sinuosa, mas longa. Muitos devotos percorreram todo o caminho de Santa Fé e do Colorado só para comparecer a este programa na montanha Lama, um local conhecido por sua tranquilidade, onde um mestre sufi havia ministrado seus ensinamentos e onde fora sepultado.

Ainda atordoada pelo desastre da noite anterior, procurei uma amiga, Rita Sutcliffe, para saber se sua casa estava disponível após o programa matinal para a Amma descansar. Ela concordou de todo coração e voltou correndo para casa, perdendo o maravilhoso programa de *darshan* matinal, para se certificar que tudo estivesse perfeito para a Amma e seu grupo. Segura de que o fiasco da noite anterior não se repetiria, não enxerguei que, ao decidir tudo sozinha, sem consultar a Amma, eu estaria criando outra zona cega que posteriormente iria causar um problema maior. Naquele momento, eu devia ter informado a Amma que uma casa alternativa estava sendo preparada na cidade, perto do local do programa da noite. Mas não fiz isso porque pensei que estava no controle da situação, que não haveria problema.

Ao meio-dia, muitas pessoas ainda estavam esperando pelo *darshan* quando um homem se aproximou de mim. Ele se apresentou como Richard Schiffman e disse que a Amma havia concordado em ir até sua casa, mais acima na montanha, antes do programa noturno. Mesmo sabendo que a casa da Rita estava sendo preparada para a chegada da Amma, perguntei a ele sobre o local, sobretudo por educação. Ele me disse que era uma pequena cabana rústica, sem água corrente, subindo uns 20 minutos por uma estrada de terra. Caramba! De modo algum eu levaria a Amma e o grupo para lá depois do que acontecera na noite passada. Expliquei-lhe que outra casa já estava sendo preparada e que não seria possível levar a Amma até sua cabana. Erro número dois: eu devia ter consultado a Amma para saber o que ela havia prometido a Richard.

O programa matinal terminou, e começamos a descer o caminho sinuoso da montanha Lama, entrando na estrada em direção Sul. Havíamos viajado pouco mais de um quilômetro, quando a Amma perguntou aonde estávamos indo. Quando expliquei sobre os novos planos, ela me perguntou por que não estávamos indo para a casa do Richard; ele não havia me informado sobre o desejo da Amma de descansar lá? Eu disse que sim, mas como ele não tinha água corrente e a cabana ficava a 20 minutos de distância em uma estrada de terra e na direção errada, eu havia decidido que a casa na cidade era uma escolha melhor. O monge hoje conhecido como *Swami* Purnamritananda estava traduzindo todo esse tempo, mas nesse instante ele fez uma pausa.

– Você fez o quê, Kusuma? – perguntou suavemente. Eu repeti, pensando que ele não tinha ouvido com clareza. Ele permaneceu em silêncio, não querendo traduzir tamanha falta de discernimento.

A Amma não precisava de tradução para saber o que havia acontecido, e o silêncio da noite anterior teria sido um bálsamo gratificante para a repreensão que recebi. Em minha pressa de corrigir o erro da noite passada, fiz um erro maior ainda - eu havia me esquecido de que o que é realmente importante para a Amma era o crescimento espiritual, meu e de todos os demais. Naturalmente eu sabia muito bem que o propósito da vida com um guru é transcender o ego e o sentido do eu como indivíduo limitado, e que não se consegue isso tomando decisões no lugar do guru.

Pior ainda, a Amma havia dado sua palavra a Richard de que iria visitar sua casa, e agora, com minha ação impensada, eu a havia impedido de cumprir o desejo dele. Ela havia dado sua palavra, e eu a havia impedido de cumpri-la. Ela não podia ser acanhada ao me mostrar o que eu havia feito. Se eu persistisse neste hábito, continuaria a criar mais problemas para mim mesma e para os demais. A Amma ia cortar aquela tendência pela raiz imediatamente.

De certo modo, foi bom eu estar dirigindo porque, se eu estivesse sentada perto da Amma, olhando para ela, acho que teria morrido. A lição me atingiu como uma bola de demolição. A Amma disse que não continuaria mais a turnê se eu estivesse no controle. Outra pessoa deveria assumir o controle. Ninguém respirava. Quando chegamos à casa da devota, todos vieram correndo para receber a Amma com sorrisos inocentes e uma linda guirlanda. Um dos monges saiu da van e explicou que a Amma entraria na casa em seguida, pois estávamos terminando um assunto.

Saí me arrastando do assento da direção, fiquei de pé em frente à Amma e supliquei seu perdão. Apreciava a Amma por ser tão sincera em seu papel de guru e esperava me tornar uma estudante mais receptiva. Se estamos nos afogando no mar e o salva-vidas vem nos salvar, qual é o sentido de subirmos em cima dele e gritarmos "Alguém me salve!"? Entregue-se a ele e deixe que ele o leve até a praia. A Amma estava me salvando, e o mínimo que eu podia fazer era deixar que ela me salvasse! Prometi solenemente consultar a Amma sobre todos os detalhes relacionados à turnê, especialmente se alguém viesse e me dissesse que ela havia dito que visitaria sua casa.

A ira de uma verdadeira mestra como a Amma podia ser comparada a uma corda queimada: ela parece sólida, mas quando é tocada se desfaz em cinzas. Muitas vezes eu a vi aparentar estar zangada num momento e logo depois estar radiante e risonha. Ou censurar severamente um discípulo e olhar para ele com amor e preocupação assim que ele se virasse para sair. Mesmo naqueles dias, após apenas alguns anos com a Amma, eu *sabia* que ela nunca estava realmente aborrecida e que ela representava aquela raiva para o bem de seus discípulos. Quando ela quer que seus discípulos estejam conscientes de terem cometido um erro, eles o sentirão. Mas a Amma não se apega às coisas; uma vez que a lição esteja aprendida, ou pelo menos recebida sem resistência interna, o assunto da lição está acabado, sua aparente raiva se desvanece, assim como a chama de uma vela é apagada pelo vento. A ira da Amma pode parecer feroz, mas uma mãe não precisa repreender seus filhos para torná-los alertas e conscientes, de modo que não cometam erros maiores no futuro? De fato, as reprimendas da Amma, temperadas por seu amor maternal, produziram um grupo de discípulos antigos que são extraordinariamente práticos, acessíveis e realistas a respeito de seus próprios defeitos. Eles são capazes de rir de si mesmos, mesmo depois de todos esses anos.

DESTAQUES NAS MONTANHAS ROCHOSAS DO SUL

De algum modo encontrei forças para continuar avançando com a turnê. Que outra escolha eu tinha? Não podia insistir nos meus erros. Na verdade, tratava-se de não ser vítima deles novamente. Orei para me tornar alguém que agradecia à Amma por apontar onde eu podia melhorar, não alguém que resistia aos ensinamentos dela. Mas não era fácil. O ego é um patrão difícil de desalojar quando se acomoda!

Havia uma jovem, que mais tarde deixou o *ashram,* que era conhecida por seu intenso amor pela Amma, por sua dedicação e autossacrifício. Mas, ao mesmo tempo, aqueles que a conheciam bem estavam dolorosamente conscientes de sua imaturidade emocional e de suas críticas injustificadas aos demais com uma língua afiadíssima, mesmo estando frente a frente. Ela era teimosa, incapaz de ouvir qualquer crítica e parecia resistir a dar os passos necessários para melhorar. Era uma estranha combinação de intransigência e devoção. Mas por que resistir à mudança? Eu não queria ser assim, isso só impediria meu progresso no caminho. Além disso, era doloroso e embaraçoso cometer o mesmo erro repetidas vezes.

VISITA À CASA DE HANUMAN

Uma parada não programada foi suficiente para me trazer de volta ao bom caminho. Como ainda nos encontrávamos na região de Taos, eu estava contando histórias de lugares especiais, e o templo Hanuman era meu favorito. A Amma ficou bastante animada e insistiu que fizéssemos um desvio para fazer uma reverência a Hanuman, o maior devoto do Senhor. Assim, fomos de carro ao templo e estacionamos discretamente. A Amma entrou no templo e se sentou silenciosamente no meio da sala. O *murti* (estátua da deidade) em mármore branco é de Jaipur e representa Hanuman voando, segurando um bastão no ombro e o anel do Senhor Rama na mão. A fisionomia de Hanuman expressa devoção e paz. A Amma ficou sentada, a contemplar a fisionomia dele com evidente deleite. A estátua de duas toneladas, bem maior que o tamanho real, era uma obra-prima colocada de maneira magnífica em um amplo altar cheio de flores, objetos de bronze para o *puja*, velas acesas e tigelas com *prasad*. De algum modo, a notícia da presença da Amma se espalhou, e devotos começaram a aparecer do nada. Os monges trouxeram o harmônio e um *mrdangam* (um tambor de duas faces) e a Amma começou a cantar "Sri Rama Jaya Rama", seguido por "Sita Ram Bol", e terminou a série com "Mano Buddhyahamkara". Amma deu *darshan* para as 30 almas ou mais que tiveram a sorte de estar ali, e então saiu do templo tão silenciosamente quanto havia chegado.

O ENCANTO DE SANTA FÉ

A família Schmidt havia sido extraordinária desde o momento em que a conheci, ao fazer a primeira apresentação do vídeo "Um Dia com a Mãe" em sua casa, em 1986. Steve era um importante advogado e Cathy (atualmente Amrita Priya) era professora de música. Eles estão entre as pessoas mais práticas, trabalhadoras e alegres que eu conheço. Seus filhos pequenos, Sanjay e Devi, eram encantadores e muito curiosos. Sua casa de adobe, aninhada no sopé das montanhas do Parque de Santa Fé, tinha uma sala de meditação que acomodava confortavelmente cerca de 20 pessoas sentadas. Notei logo que a energia era muito tranquila; eles haviam meditado muito ali. Aliás, essa era a mesma família que espontaneamente havia me telefonado em Boston, pouco antes da pré-turnê, para fazer uma generosa doação.

Não fiquei nem um pouco surpresa quando, em certa manhã, a Amma começou a espiar os quartos da casa deles, um sinal revelador de que algo cósmico estava sendo preparado. Ela nos chamou a todos até uma sala de estar grande e aberta para perguntar se poderiam pendurar uma cortina ali para criar o espaço para um pequeno templo. A expressão no rosto de Steve e Cathy era de puro deleite.

Começamos imediatamente. Recolhemos a extensa coleção de bonecas Kachina da estante da lareira, tiramos os móveis e escolhemos a cadeira perfeita para a Amma se sentar. De algum modo, a notícia se espalhou. Na noite seguinte foi necessário organizar uma multidão que se aglomerava na propriedade, tanto para estacionar os carros quanto para as pessoas se sentarem! Lembro-me de haver observado a reação de Steve várias vezes durante a noite. Ele parecia estar cada vez mais maravilhado e feliz. Cathy era uma anfitriã amabilíssima, que não parava de servir aos devotos até que todas as necessidades tivessem sido atendidas; ela continua assim até hoje.

A propriedade deles acabou se tornando o lar do *"Amma Center New Mexico"* [Centro Amma do Novo México] alguns anos depois e continua a ser um dos *ashrams* residenciais da Amma no exterior, conhecido por seus muitos projetos de serviço de longo prazo, tais como de alimentação dos sem-teto com o programa "Cozinha da Amma" e o ensino de meditação nas prisões. Semelhante ao *ashram* de San Ramon, o Santa Fé Amma Center também mantém uma forte conexão com a Mãe Natureza, expresso no cuidado com as hortas de verduras orgânicas e uma estufa solar. O centro também realiza seminários de formação comunitária sobre o cultivo de verduras em um ecossistema desértico de montanhas altas.

SOLSTÍCIO DE VERÃO, 1987

Um programa especial para o dia 21 de junho foi preparado em um prado ao longo do rio Pot Creek, bem ao leste de Taos. A propriedade pertencia a uma artista local, Jameson Wells, que havia esculpido em um granito negro uma estátua de quatro lados, que era sua representação da deusa Kali. O programa foi anunciado como a "Celebração do Solstício da Mãe Divina", e nós pintamos sete placas brancas quadradas com um triângulo vermelho e um ponto central para representar os sete *chakras* (centros energéticos do corpo) sagrados. Eles foram colocados de modo alinhado, tendo a escultura na parte superior. A família montou um toldo amarelo e branco para fazer sombra, mas vieram tantas pessoas que não houve como escapar do sol abrasivo do meio-dia. A Amma não estava satisfeita com os cartazes dos sete *chakras*, e em lugar deles, pediu que todos se apertassem o máximo possível debaixo do toldo e que visualizassem a Mãe Divina no interior deles mesmos. Eu não sabia, mas aquele foi o início do *Devi Puja* (adoração da Mãe Divina), que posteriormente se tornou o *Atma Puja* (adoração do Ser), que antecederia todos os programas internacionais de *darshan* de *Devi Bhava* da Amma no futuro. A Amma conversou com os monges por alguns momentos, enquanto os devotos estavam se reagrupando sob o toldo da melhor forma que podiam. Ela explicou que recitaríamos os 108 nomes de *Devi* no estilo tradicional, no qual uma pessoa recita um nome e os demais respondem. Ela nos instruiu para fazermos a adoração mentalmente. Disse que a *manasa puja* (adoração mental) podia ser ainda mais poderosa do que a adoração exterior, se executada com atitude de entrega e de entusiasmo. O monge recitaria o primeiro nome, e nós responderíamos *Om para shaktyai namaha* – "Eu me inclino ante a Suprema Energia sob a forma da Mãe Divina" - enquanto levávamos a mão direita ao coração e simbolicamente retirávamos dele uma flor para oferecer à *Devi*. Esse gesto representava uma oferenda de nosso coração para a Divindade. A Amma também mencionou que, caso a pessoa não quisesse imaginar a Mãe Divina, ela poderia imaginar apenas um ideal, como a paz mundial ou a Mãe Natureza. "Acredite em si mesmo e siga em frente pelo caminho", Amma sempre dizia.

Todos haviam prestado muita atenção à tradução e praticamos juntos, com a Amma nos guiando várias vezes na resposta de "*Om para shaktyai namaha*" unida à oferenda do lótus do coração. Era tão poético, espontâneo e claro! Quando a cerimônia terminou, o estado de ânimo das pessoas era transcendente. Ninguém havia experimentado algo igual, inclusive eu! Em seguida, a Amma cantou alguns *bhajans* - "Kali Durge Namo Nama" e "Para Shakti, Param Jyoti" – e deu *darshan* a todos. A tarde toda transcorreu em êxtase, e logo chegou o momento de nos despedirmos da adorável reunião de devotos, muitos dos quais seguiram a Amma até o programa em Madison, alguns dias depois.

ESPLÊNDIDA MADISON

Os memoráveis momentos da pré-turnê em Madison haviam preparado o terreno para o extraordinário programa da Amma naquele primeiro ano. A impressão era de que estávamos visitando velhos amigos ao chegarmos à fazenda de 60 acres da família Lawrence, nos grandes bosques que ficavam nos arredores da cidade de Madison. E eles eram mesmo velhos amigos: Barbara Lawrence fora a primeira professora de *hatha yoga* do *Swami* Paramatmananda e havia lhe dado a primeira cópia da Bhagavad Gita há mais de 20 anos. Sua filha, Rasya, que hoje mora com a Amma na Índia, recorda sua mãe falando a respeito de seu jovem aluno de *yoga*: "Daria um bom monge".

Haviam plantado alfafa, e a Amma comentou sobre a majestosa beleza das árvores de bordo. O galpão de ordenha dos Lawrence, do princípio do século, se transformaria em um templo para o *darshan* de *Devi Bhava* da Amma alguns dias mais tarde. Ao abrir as portas do galpão, depois de uma imensa sessão de limpeza com a ajuda de dezenas de novos devotos, a incrível beleza da cena do *Devi Bhava* rivalizava com a visão majestosa das árvores de bordo.

Mary La Mar e Michael Price, também de Madison, foram os anfitriões de um maravilhoso *darshan* diurno da Amma em sua espaçosa casa. Eles eram a outra família que havia me contatado em Boston, em meu momento de crise antes da turnê, para fazer uma doação. Acolhedores e amáveis por natureza, ocuparam-se de todas as necessidades daqueles que haviam comparecido para conhecer a Amma. Michael e Mary realizam com perfeição o ideal de hospitalidade do Centro-oeste.

A torrente de amor durante essa parada no "interior" da turnê, trouxe lágrimas aos meus olhos em muitas ocasiões. A comunidade sufi abrigou um dos programas vespertinos da Amma no Gates of Heaven e ainda me recordo do grupo "Jaya", cantando com toda a alma. Um dos filhos de uma família que esteve presente

na primeira apresentação do vídeo que eu havia feito em 1986, estava com oito anos de idade naquela época. Hoje Vinay mora no *ashram* da Amma na Índia há muitos anos dedica todo seu tempo e energia criativa à organização *Embracing the World* [Abraçando o Mundo], que agrupa a vasta rede de atividades beneficentes da Amma no mundo todo.

ENCERRAMENTO DA PRIMEIRA TURNÊ NOS EUA

Eu poderia continuar contando as histórias sobre a primeira turnê nos Estados Unidos sem parar, mas vou guardá-las para outro volume. A alegria da Amma com seus filhos foi a melodia subjacente a toda turnê. A profunda beleza levada para a vida de tantas pessoas era transformadora. Estava quase chegando o dia de a Amma voar para Paris e completar a última etapa de sua primeira turnê mundial. O ponto final da etapa americana seria em Connecticut, na casa da família Devan. Para mim, era insuportável. Eu havia organizado a turnê com um orçamento muito limitado. Todas as necessidades foram atendidas, mas agora cada centavo havia sido gasto. Eu não tinha visto para retornar à Índia. A Amma estava me incentivando a prosseguir viagem até a Europa, mas eu sabia que não seria possível.

Pela manhã, expliquei a um dos monges que eu iria arrumar um emprego em algum lugar para pagar a dívida, como eu havia prometido; expliquei também que eu tive que abrir mão de meu visto de entrada na Índia para poder voltar aos EUA e organizar a turnê. Eu ainda não havia tido a oportunidade de contar a Amma todos esses detalhes por causa dos compromissos da turnê. Além disso, era um assunto que me deixava para baixo. A forma como as coisas se sucederam foi uma escolha consciente minha, o que eu estava disposta a sacrificar para ter certeza de que a turnê seria realizada. Minha satisfação foi ver a Amma com seus filhos. Por que me preocupar com isso agora? Eu tinha certeza de que em seis meses eu conseguiria voltar para a Amma na Índia e, nesse meio tempo, haveria muito o que organizar para a turnê do ano seguinte, que a Amma já havia confirmado aos devotos.

Quando a Amma soube pelos monges o que havia acontecido, teve uma ideia diferente e me chamou para me sentar calmamente com ela. Pediu-me para contar minha história a um grupo de devotos que havia permanecido ali nos últimos dois dias para se despedir dela. Ela disse que o importante para mim era contar minha história e depois deixar que acontecesse o que tivesse que acontecer. Então, foi exatamente o que fiz. Um pequeno círculo de devotos se reuniu, e eu contei minha história. Falei sobre como havia sido importante para mim trazer a Amma para conhecer seus filhos; como minha própria vida havia sido enormemente mudada pela Amma desde que eu a conheci e que era isso que eu queria para os outros. Ademais, ao trazer a Amma para os Estados Unidos, eu havia intensificado meu compromisso com a vida espiritual, ao ver o quanto era necessário que um Mestre Realizado viesse nos conduzir à Verdade. Falei por 10 ou 15 minutos no máximo, mantendo o olhar baixo o tempo todo. Eu não aguentava ver a reação das pessoas. Ao terminar, eu me inclinei diante do círculo de pessoas e me levantei, desculpando-me. Percebi que várias delas enxugavam as lágrimas. De imediato, me convidaram a voltar para a Bay Area e ficar nas casas delas, e se comprometeram a me ajudar em tudo que lhes fosse possível. Elas queriam participar do planejamento do ano seguinte e estavam dispostos a começar a qualquer momento.

Um dos devotos saiu sem demora para organizar minha viagem de volta com sua família.

Quando voltei ao quarto da Amma para contar-lhe o que havia sucedido, ela estava me esperando para servir-lhe a refeição. Eu me sentia infeliz, quando a Amma perguntou travessamente:

– Por que tão triste?

– Porque a Amma está partindo – Respondi.

Ela imediatamente replicou:

– Para onde?

A Amma sempre diz que onde existe amor, não existe distância. E eu havia experimentado essa verdade de modo profundo; mas, naquele momento, senti desespero ao ver a Amma partindo, sem saber quando eu a "veria" novamente.

CAPÍTULO 8

Deixar-se levar

P ude retornar à Índia bem mais cedo do que eu previa. Depois que a Amma partiu para a Europa, voltei de avião à Bay Area com alguns dos devotos. Meu plano era ganhar o dinheiro necessário para pagar a dívida o mais rápido possível e passar o máximo de tempo com os devotos para manter o entusiasmo que a Amma havia criado na turnê. Iniciamos o primeiro grupo de satsang do M.A. Center, que se reuniria toda semana na casa de Hari Sudha (Tina), em Berkeley. A noite começava com um vídeo da recente turnê da Amma, depois recitávamos os 108 Nomes da Mãe Divina, selecionados do Lalita Sahasranama, que havíamos recitado com a Amma por todo o verão. Cantávamos bhajans por quase uma hora e terminávamos com uma meditação silenciosa de 15 minutos. Em seguida, desfrutávamos dos pratos trazidos por todos; as pessoas ficavam até mais tarde para ouvir as histórias sobre a Amma e fazer perguntas. Os devotos vinham de toda a Bay Area para participar do satsang semanal em Berkeley e, algumas vezes, me convidavam para fazer a mesma programação em suas casas em Marin, Orinda, South Bay ou San Francisco. Era uma época de espontaneidade e de muito entusiasmo. Todos queriam colaborar para garantir que a Amma retornasse no ano seguinte. Em pouco tempo, foram criados grupos de satsang semanais em todos esses lugares.

O emprego que eu planejara obter nunca se concretizou, pois a minha dívida foi quitada por devotos que insistiram em permanecer anônimos. Eles também providenciaram uma passagem de avião para eu retornar à Índia. Como tudo isso aconteceu pela graça da Amma, aceitei agradecida. Em meados de agosto, eu estava de volta com a Amma. Meu sadhana e a aconchegante cabana perto do Kalari pareciam velhos amigos dando-me boas vindas no retorno ao lar.

CELEBRAÇÃO DO 34º ANIVERSÁRIO DA AMMA

Na Índia, é costume celebrar o aniversário no dia da estrela de nascimento do mês em que a pessoa nasceu. Assim, celebramos o 34º aniversário da Amma no dia 10 de outubro. A estrela de nascimento da Amma, Kartika, estava no alto, e o salão do templo de Kali quase terminado estava lotado com milhares de devotos, exatamente como a Amma havia previsto. Como ela havia acertado começar a construção do templo de Kali no momento exato, no início de 1986? Esse detalhe sempre me intrigara. Durante essa celebração, enquanto se realizava o *pada puja* (lavagem dos pés do guru), pela primeira vez foi recitado o "Mata Amritanandamayi Astottara Sata Namavali", ou os 108 Nomes da Amma, composto por um *brahmachari* (monge celibatário) idoso, o poeta premiado Ottur Nambudiri. Naquele dia, uma nova era amanheceu para a Amma e seus filhos. Pudemos sentir uma mudança em relação à solidão dos anos anteriores, embora a Amma permanecesse a mesma alma pura de sempre, cuidando dos devotos e trazendo paz e alegria a todos que recorressem a ela. Agora, mais do que nunca, ela era a Mãe do Mundo.

EM TURNÊ COM AMMA

A Amma e um número cada vez maior de residentes do *ashram* começaram a fazer turnês mais extensas pela Índia, abrangendo todas as partes de Kerala e até Tamil Nadu. Nosso micro-ônibus ficou pequeno, e foi-nos doado um ônibus maior. Em novembro, viajamos para a cidade de Mumbai para a primeira visita da Amma. Sentada atrás da Amma, pude observar em silêncio, hora após hora, dia após dia, a sua divina presença trazendo beleza para todas as faces daqueles que passavam por seus braços amorosos e me maravilhava com sua intensa energia. Mesmo ao final do programa, a Amma ia direto para qualquer quarto que tivessem reservado para ela e começava e ler toda sua correspondência; reunia-se com os organizadores locais ou arranjava tempo para qualquer residente do *ashram* que precisasse de orientação. O entusiasmo incansável da Amma era sem limites. Cada um de nós ajudava em alguma coisa, mas nenhum conseguia seguir seu ritmo. Se fizesse calor, passava horas abanando a Amma e tentando convencê-la a beber um pouco d'água, mantendo à mão uma toalha de rosto limpa. Ao final do *darshan* que havia durado todo o dia, embora eu estivesse pronta para descansar, a Amma subia no carro que a esperava para ir visitar dez casas até o amanhecer. Sempre criando um ambiente de risadas e de prazer, mas observando a mente dos discípulos para corrigir qualquer passo em falso, a Amma era um mar de compaixão, no palco ou fora dele.

Todos os programas na Índia eram bem planejados, e muitas pessoas tiveram oportunidade de conhecer a Amma pela primeira vez. Aprendi algumas coisas importantes ao observar a Amma orientando os organizadores locais: sempre aceitar as pessoas onde elas queiram ajudar; nunca deixar ninguém de lado; sempre dar as boas-vindas para as pessoas novas com um sorriso e assegurar-se de que tinham recebido comida e um lugar para descansar. Depois que retornamos a Kerala, mais devotos começaram a fazer peregrinações ao *ashram,* e todos os quartos do edifício do templo de Kali eram ocupados tão logo eram construídos.

INTROSPECÇÃO

Eu havia retornado à Índia com um visto de turismo de três meses e em novembro teria que solicitar uma extensão de mais três meses, o que era permitido naquela época. Só me restava rezar para que o Escritório de Registro de Estrangeiros tivesse me perdoado e que eu estivesse em suas boas graças novamente, pois eu não podia suportar a ideia de ter que partir após 90 dias. Por causa dessas condições, cada dia parecia um presente, e eu não podia considerar nada como garantido. Cada noite, eu fazia uma introspecção e tentava compreender meus defeitos com clareza. Fui paciente? Fui amável? Fui atenta o suficiente? Repeti o *mantra* continuamente? Essas eram as áreas problemáticas para mim durante a turnê. Ofereci meu *archana* de forma adequada? Se não, eu o recitaria uma vez mais antes de dormir. Eu havia ajudado alguém, mesmo que fosse uma pequena ajuda? Eu havia me lembrado da Mãe Terra e feito algo por ela? Meu coração havia se aproximado mais da Amma hoje? Durante a turnê, a Amma havia-me instruído desta forma e eu sabia que essa instrução era tão importante quanto beber água.

Aquela jovem que não está mais no *ashram* parecia ter ciúmes de mim, mas eu tentava não me deixar afetar. Meu serviço era uma oferenda de amor, e eu queria estar alerta para não deixar que meu próprio orgulho alimentasse essa dinâmica. Eu não queria ter a inimizade da jovem, pois eu havia observado que ela podia tornar a vida difícil, ao bloquear o acesso à Amma para as pessoas que não estivessem em suas boas graças. Era inevitável que houvesse raiva, ciúme, orgulho e crítica em torno da Amma; essas eram as mesmas negatividades que estávamos tentando nos livrar. A prática da introspecção me ajudou a enxergar minha participação nas situações e a colocar as coisas em ordem. Quando falei com a Amma a respeito da situação que estava se formando, ela salientou que minha obrigação era trabalhar para me melhorar, e a preocupação com o que os outros estavam fazendo não constituía parte da minha obrigação. A Amma deixou isso bem claro.

A Amma costumava usar a metáfora de um cilindro de polir cheio de pedras que se chocam para descrever as situações em que nos encontramos, tentando alcançar a meta enquanto vivemos em uma comunidade espiritual. As arestas de uma pedra friccionam as pontas afiadas das outras pedras. À medida que giram, cada pedra fica perfeitamente polida.

UM NOVO SEVA

A Amma trocou meu seva de cozinha pelo de revisão dos novos livros em inglês que estavam para ser publicados. O primeiro foi *"Mata Amritanandamayi: Uma Biografia"*, que foi seguido de "Para Meus Filhos", uma coletânea de ensinamentos da Amma organizados por temas. Também ajudei a editar *On the Road to Freedom* [Na Estrada para a Liberdade], escrito pelo *Swami* Paramatmananda. Além desses livros, a cada mês, eu mandava novo material para o boletim *Amritanandam* e uma capa para a nova edição com uma foto da Amma para os devotos do M.A. Center. Essa foto era fotocopiada e enviada pelo correio para cerca de 100 assinantes. Antes de escrever os artigos, eu perguntava à Amma se podia me sentar perto dela com um gravador e lhe fazer perguntas; ela respondia na mesma hora e eu gravava para escrever os artigos. Cada edição estava repleta de sabedoria, doçura e humor. A Amma era puro satsang de sabedoria espiritual, e suas palestras tomavam forma em um instante, sem esforço. Não havia intermediário, somente a Amma, e assim continua até hoje.

AS SÉRIES "AMRITANJALI"

As gravações de todos os *bhajans* foram feitas em um estúdio improvisado, montado em uma pequena casa construída anteriormente por um devoto holandês, onde hoje está localizada a Clínica Ayurvédica Vishuddhi, bem ao lado da entrada norte do *ashram*. Tudo era à prova de som, na medida do possível. Gravadores de fita foram instalados na sala ao lado. Mesmo naquele tempo, quando a Amma se sentava para gravar, a sessão de gravação se prolongava por uma ou duas semanas! Ela e todo o *ashram* ficavam completamente absorvidos no processo. Depois de horas e horas sentados cantando com a Amma, uma atmosfera incrivelmente energizada era criada. Em um período de uns três anos, 10 volumes de *bhajans* foram gravados para a série original de Amritanjali. É difícil imaginar, mas agora, em 2012, a Amma já gravou mais de mil canções em 35 idiomas!

As vendas das fitas cassete possibilitaram que a Amma iniciasse projetos para os pobres e os necessitados que constituem o foco de sua vida. As lindas gravações da Amma cantando com os membros do *ashram* não apenas davam aos devotos a oportunidade de ouvir os poderosos *bhajans* da Amma quando estavam longe do *ashram*; também seus ensinamentos estavam em todas as suas canções, constantemente nos recordando o caminho para alcançarmos a meta. Não importava quem havia escrito as canções, toda a arrecadação das vendas ia para o lançamento de alguns dos primeiros projetos beneficentes, que continuam até hoje, como um dispensário médico gratuito e uma clínica de cuidados básicos, bolsas de estudo para estudantes carentes e o resgate de 500 crianças abandonadas, de um orfanato financeiramente falido em uma cidade próxima.

MINHA CANÇÃO

O tempo todo, surgiam novas canções. Como o ambiente do *ashram* era tão propício para compormos hinos devocionais, o fluxo de músicas não tinha fim. Eu segui escrevendo algumas músicas de vez em quando, mas era muito tímida para cantá-las. Certa noite, após cantar *bhajans* no *Kalari*, a Amma levantou-se para dar uma volta. Antes de se afastar, ela nos instruiu para que cada um de nós cantasse. Quando chegou minha vez, eu me inclinei na direção da pessoa que tocava o harmônio e sussurrei: – "Iswari Jagad Iswari".

Era a minha estreia, depois de ter cantado "Rain, Rain, Go Away" tantos anos antes. À medida que as primeiras notas foram tocadas, eu me acalmei e cantei com toda devoção e concentração que pude.

Eu havia cantado aquela canção tantas vezes enquanto viajava para organizar as turnês mundiais que fiquei com os cinco versos gravados na memória. Todos cantavam o coro, mas eu tinha que cantar sozinha os versos. Que sensação de felicidade cantar a canção da Amma! Anos mais tarde, descobri que a Amma estava sentada por perto, na escada da frente da casa de sua família, e perguntou:

– Quem está cantando?

E a pessoa sentada a seu lado respondeu:

– Kusuma.

Ao que a Amma replicou:

– Mas você me disse que ela não sabia cantar!

iswari jagad iswari paripalaki karunakari
sasvata mukti dayaki mama
khedamokke ozhikkanne

Ó Deusa, Ó Deusa do Universo,
Ó Protetora, Ó Doadora da Graça e da eterna Libertação
Por favor, liberta-me de todos os meus sofrimentos...

PLANEJAMENTO DA TURNÊ NORTE-AMERICANA DE 1988

Em fevereiro, era o momento de voltar aos Estados Unidos e preparar a segunda turnê de verão da Amma. Ela havia aceitado convites para visitar dois novos lugares: Boulder, em Colorado, onde morava a irmã do *Swami* Paramatmananda, e Temple, em New Hampshire, onde uma família de devotos, Jani e Ganganath McGill, mantinha um centro de terapias alternativas, além das outras 12 cidades que já constavam do roteiro. A Amma aceitou minha sugestão de também realizar retiros para meditação em vários lugares, portanto havia muitos planejamentos a serem realizados. Naquele ano não seria necessária nenhuma pré-turnê, mas antes eu ia visitar cada parada e me reunir com os devotos para planejar a turnê da Amma pelos EUA em 1988. Fomos juntos procurar salões e locais possíveis para retiros. Como haviam mudado todos em um ano com a Amma! Todos estávamos unidos por um objetivo comum e entusiasmados sabendo o que significava a Amma vir uma segunda vez.

VENHA O QUE VIER

Em cada cidade que eu visitava, agendávamos uma apresentação do vídeo "Um Dia com a Mãe", e eu preparava um jantar beneficente para ajudar a levantar dinheiro para a turnê. Às vezes, músicos e artistas locais organizavam um espetáculo beneficente, ou artistas e profissionais realizavam um leilão discreto e ofereciam sua arte ou seus serviços. As pessoas com disponibilidade financeira contribuíam voluntariamente. Não dizíamos nada sobre contribuições. Se as pessoas perguntassem sobre doações, eu dava somente uma breve explicação sobre o *ashram* da Amma, na Índia, e sobre as atividades de caridade em andamento. Mesmo hoje, em uma área de mil metros quadrados, talvez haja apenas duas pequenas caixas de donativos. Uma pergunta muito frequente era: "Onde se pode fazer uma doação?", porque o lugar nunca estava claro.

Tive ideia de imprimir envelopes para a cerimônia de *Devi/ Atma Puja*, que seria realizada na última noite de programa da Amma em cada cidade. Essa forma foi uma resposta a muitas pessoas que haviam pedido um modo discreto para fazer uma doação ao final da visita da Amma. Todos os programas da Amma eram gratuitos, e os retiros eram a preço de custo, com direito a três dias de alojamento e comida para todos os participantes. Mesmo hoje em dia, quando os muitos seminários espirituais têm um preço elevado, os retiros da Amma continuam a um preço acessível. Eu organizei tudo com um orçamento bem apertado e, de alguma forma, as despesas sempre foram quitadas por contribuições suficientes, que cobriam o valor necessário para os aluguéis dos salões, alimentação, uma publicidade modesta e as despesas de viagem. As palavras da Amma, "Não peça por nada e tudo virá", sempre se tornaram realidade.

PADA PUJA E ARATI

Acrescentei duas práticas tradicionais ao programa de cada dia: lavar os pés da Amma quando ela entrasse no salão e executar o *arati* (movimento da cânfora acesa diante da deidade) ao final do programa noturno. A Amma não apreciou muito a ideia, mas quando insisti que os devotos ficariam muito felizes por ter uma oportunidade de expressar seu amor e devoção, ela finalmente consentiu. Uma bandeja simples de bronze era usada para o *arati* e os artigos usados para lavar os pés da Amma também eram simples, de aço ou de bronze. Ao visitar as várias cidades, eu revisava os preparativos de ambos os rituais devocionais. Sentia que todos os filhos da Amma deveriam ter a oportunidade de fazer os rituais, caso desejassem, pois isso inevitavelmente os aproximaria da Amma. Seriam lembranças para a vida inteira. Mantivemos os rituais muito simples, mas explicávamos o significado mais profundo por detrás deles, e todos tinham sua vez.

Essas cerimônias ainda são realizadas nas turnês mundiais da Amma e têm trazido muita alegria para os devotos. No caminho do amor, é pela adoração que a constante lembrança do amado acaba despertando nossa Unidade. Não é que o guru precise desta adoração. A Amma costuma dizer que o sol não precisa da luz de uma vela para brilhar. Da mesma forma, Deus e o guru

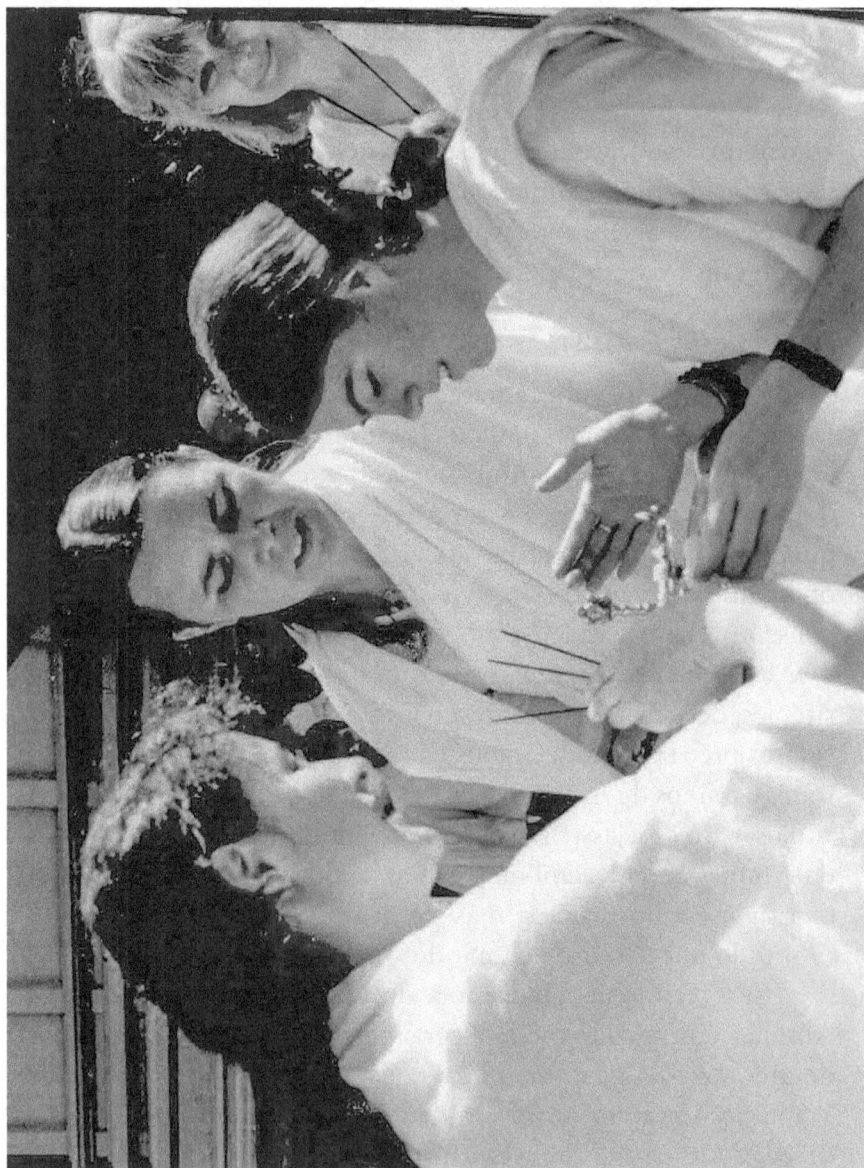

Com Hari Sudha e Suneeti

não precisam que nós os adoremos. Nós os adoramos para nosso benefício, pois esse processo purifica nossa mente e nos aproxima ainda mais de nossa verdadeira natureza. As ações que extraem de dentro de nós o amor e a veneração ao guru e à Verdade na qual o guru está estabelecido são purificadoras e criam um profundo vínculo. Essa é a quintessência do caminho do amor.

EQUIPE VOLUNTÁRIA DA TURNÊ DE 1988

Embora não tivéssemos nenhuma equipe formal para acompanhar a turnê, um grupo de devotos fervorosos estava se formando; estes devotos se disponibilizaram para ajudar nos preparativos em todas as cidades que pudessem e por toda a turnê de verão. Tina e Nancy, que então já tinham se tornado Hari Sudha e Suniti, fizeram todo o percurso até a Costa Leste, ajudando a arrumar os salões e a decoração do templo de *Devi Bhava*, entre outras coisas. Ron Gottsegen, de Carmel, não queria perder nenhuma cidade nessa turnê, e começou a ajudar na mesa de som fazendo as gravações e a mixagem. Ron estava disposto a fazer o que fosse necessário, desde correr até o mercado para comprar legumes para o almoço até dirigir para a Amma e os monges nas idas e vindas do salão ou ajudar a coordenar a logística nos aeroportos. Ele era muito alegre e era fácil trabalhar com ele; seu bom humor e comportamento tranquilo fizeram a Amma rir bastante várias vezes ao longo do caminho. Tínhamos dois motoristas voluntários, Scott Stevens e Ramana Erickson, que dirigiram por todo o país em uma caminhonete pick-up Chevy vermelha, com o símbolo "Om-Zia" pintado nas portas, para transportar todo o equipamento e suprimentos. Sheila Guzman havia contribuído generosamente com uma caminhonete para ser usada em toda a turnê norte-americana de 1988.

Menciono o símbolo Om-Zia porque foi um ícone das primeiras turnês da Amma, e está se tornando popular novamente em bandeirinhas de oração e em camisetas. O símbolo Om-Zia se originou de uma ideia que tive durante a pré-turnê, quando estávamos percorrendo milhares de quilômetros. Eu queria usar um logotipo para "Oriente se encontra com Ocidente" para ser usado em parte da publicidade que anunciaria a vinda da Amma para o Ocidente. "Zia" é um símbolo sagrado para a tribo de Zuni Pueblo, do Novo México. Ele representa o sol, doador da vida; e em cada um dos pontos cardeais aparecem quatro raios, que se expandem para representar as quatro estações; as quatro partes do dia; os quatro pontos cardeais e as quatro etapas de nossa vida: nascimento, juventude, velhice e morte. Dentro do círculo do sol, Larry Kelley sugeriu que colocássemos o símbolo sânscrito "Om" – a sílaba original e primordial da criação.

BUSCA DE UM LAR PARA O M.A. CENTER

O maior acontecimento que surgiu na turnê norte-americana de 1988 foi quando a Amma abençoou os devotos da Bay Area para que procurassem um lugar para estabelecer um centro de meditação no qual pudesse haver residentes. A Amma assentiu a esta procura pelo bem de seus filhos que tinham que viver e trabalhar longe do *ashram* da Índia, pela paz e elevação espiritual dos aspirantes que haviam vindo até a Amma para receberem orientação. Ela pediu-me para ficar após o término da turnê, em meados de julho, para ajudar a encontrar um local adequado. A instrução principal que ela nos deu foi considerar a Natureza como um elemento importante do local que escolhêssemos.

Foi formado um comitê para essa busca – Ron Gottsegen, Steve Fleischer, Bhakti Guest e eu – e começamos a percorrer de carro a Bay Area com um corretor imobiliário. Uma dúzia de propriedades foi considerada, mas uma se destacou de imediato: um rancho de gado em atividade, incrustado no Crow Canyon de San Ramon. Em muitos casos, as primeiras impressões são as que ficam, e a imagem de uma dúzia de robustos eucaliptos "de pé" lado a lado, quando se entra na propriedade, lembrou-me a fila de devotos segurando bandejas de *arati* para iluminar o caminho com esperança, quando a Amma chega aos programas em toda a Índia. Tive certeza absoluta de que aquele era o local perfeito para o Mata Amritanandamayi Center (*M.A. Center*) nos Estados Unidos. Os outros três devotos do comitê tiveram a mesma certeza. Decidimos telefonar para a Amma.

Levou algum tempo para descrever a propriedade e dar todos os detalhes para o monge que estava traduzindo. Ele nos retornaria a chamada. Depois de algum tempo, o telefone tocou. A resposta breve da Amma não poderia ser mais objetiva. Se nós tínhamos certeza sobre o local, ela daria sua benção. Ponto. Ela nos recordou novamente que o centro estava sendo criado para o bem do mundo, e não para o bem da Amma.

Sobrava o pequeno detalhe de conseguir autorização para operar um centro de meditação no meio de um vale agrícola. Todo o Crow Canyon era protegido pela Lei Williamson, que permitia realizar muito poucas atividades nas propriedades submetidas à lei. Fazendo um estudo de campo pela vizinhança, notei que havia muitos ranchos, estábulos de cavalos e viveiros. Havia um albergue para rapazes, para ajudar os jovens com problemas, mas esse era o único caso fora do escopo da lei de sítios e fazendas.

Certa noite, enquanto meditava, veio-me uma ideia. Com base em minha formação universitária em Ciências do Meio Ambiente, pensei: "Por que não transformar a fazenda de gado em uma fazenda orgânica que mostre uma forma de vida sustentável em uma área urbana?" Seria um centro de aprendizagem baseado na prática da meditação. O Green Gulch Zen Center, em Marin Headlands, tinha um centro de meditação parecido. Na manhã seguinte, liguei para Lynn Lanier, hoje conhecida como *brahmacharini* Rema Devi, uma devota com formação em

183

Arquitetura Paisagística pela Universidade da Califórnia, Berkeley. Trabalhamos juntas na elaboração de um plano diretor para a propriedade de Crow Canyon que pudesse ser apresentado ao Conselho de Supervisores do Condado de Alameda, em uma audiência pública, para obtermos a autorização necessária. Depois de semanas de planejamento meticuloso, estávamos prontas. Vesti um macacão de fazendeira, calcei um par de botas velhas de cowboy, um chapéu, e partimos para a audiência em um pequeno grupo. A proposta formal que formulamos tinha umas 20 páginas e descrevia a plantação de um pomar, uma grande horta de verduras, que poderia gerar receita através de vendas no mercado local de restaurantes, uma estufa para produzir mudas de plantas, um jardim de ervas e flores para promover técnicas integradas de gestão de pragas e fornecer matéria-prima para a confecção de guirlandas decorativas que poderiam ser vendidas nos períodos de férias. A proposta incluía também: apicultura, produtos como gelatina e geleias de frutas, pomadas à base de ervas e bálsamos, retiros rurais de meditação, treinamentos gratuitos em técnicas de horticultura orgânica e projetos de serviço comunitário. Ao final de minha apresentação de 30 minutos, houve silêncio. Um dos supervisores do condado em seguida disse:

– Bem, creio que quaisquer perguntas que poderíamos ter já foram respondidas.

O único vizinho que compareceu à audiência, talvez para protestar, somente pediu que a apicultura fosse eliminada do plano, porque seu negócio de equitação poderia ser adversamente afetado, se as abelhas começassem a atacar os cavalos ou os cavaleiros. Essa concessão foi imediatamente adotada, e o Conselho de Supervisores aprovou por unanimidade a autorização para operar o M.A. Center de Crow Canyon. Todas as deliberações levaram menos de 10 minutos. E foi assim que o M.A. Center encontrou seu lar, através da generosa doação de um humilde devoto, que preferiu permanecer no anonimato. A primeira coisa que fizemos foi telefonar para a Índia para contar à Amma as boas notícias.

LUGAR DE PEREGRINAÇÃO: O ASHRAM DE SAN RAMON

Os programas matinais de *darshan* seriam realizados no *ashram*, mas os programas vespertinos de *bhajans* ainda eram realizados em toda a Bay Area. Em um ano, começamos a construir um salão, e a Amma pôde celebrar todos os programas ali. Depois de 25 anos, milhares de pessoas já visitaram o *ashram* de San Ramon para receber a benção e o consolo da Amma nesses arredores tranquilos, e para oferecer incontáveis horas de serviço voluntário para apoiar o bom funcionamento dos programas e os projetos humanitários na Bay Area, assim como para oferecer apoio material para os projetos da Amma na Índia. Foi tamanha a atividade que a Amma declarou San Ramon como um centro de peregrinação, um santuário sagrado e um refúgio, devido à enorme quantidade de esforços e orações que foram oferecidos ali.

A plantação original de um modesto pomar com umas 30 árvores cresceu para mais de oito hectares de horta, ainda em expansão. Foram adicionados jardins de flores, hortas, estufa de mudas e painéis solares. Seminários sobre permacultura foram realizados para incentivar a comunidade a trabalhar com a natureza e trazer de volta a harmonia natural na Terra. Dezenas de projetos de serviço voluntário foram lançadas pelo M.A. Center, com inúmeros devotos se beneficiando dos ensinamentos espirituais da Amma na aplicação prática desses projetos, sem contar aqueles que receberam os serviços.

TURNÊ DE 1988

Tudo correu bem na turnê de 1988; acabamos tendo mais de 20 paradas programadas. Depois da visita do ano anterior, todos

185

começaram a dizer que ela era imperdível; assim, cada vez mais pessoas compareceram para conhecer a Amma e receber sua bênção. Cada pessoa tinha uma história especial para contar sobre como conheceu a Amma. São histórias de momentos que mudaram vidas. Para mim, a corrente de amor por toda parte era outro sonho que se tornava realidade.

Estávamos todos aprendendo sobre o caminho do amor com o próprio Amor Divino – a Amma está estabelecida nesse estado de Unidade Suprema, e nosso amor se acende espontaneamente na presença dela. Havíamos trabalhado duro, pensando na Amma dia e noite, para trazê-la de volta, e ela, por sua vez, estava acendendo a lâmpada do amor em nossos corações. O amor que sentíamos pela Amma estava sendo refletido de volta para nós mil vezes mais forte. Sim, no passado, todos nós havíamos conhecido o amor mundano, um amor egoísta, que muitas vezes nos arrasava. Mas *prema*, o Amor Supremo, que está latente, é despertado quando encontramos uma Grande Alma como a Amma, e a experiência é emocionante. Por isso, a experiência de conhecer uma Alma Realizada é muito transformadora. Se conseguirmos nos manter inspirados e nos decidirmos pelo caminho espiritual, avançaremos muito em sua presença. É claro que podemos realizar práticas espirituais por nossa conta, mas elas não darão frutos com tanta rapidez. Em muitos casos, sem a orientação de um mestre, nós nos iludimos acreditando que podemos nos orientar a nós mesmos em direção à iluminação, ou até mesmo acreditando que já estamos iluminados. O fato de a Amma ter viajado tão longe para conhecer seus filhos e pegar suas mãos para guiá-los pelo caminho do amor estava tendo um impacto enorme em suas vidas. Eu me sentia feliz observando essas transformações individuais.

Na turnê de 1988, eu cozinhei muito, principalmente nos dois retiros. O primeiro retiro foi realizado no bosque de sequoias de Miranda. Na segunda noite, a própria Amma veio cortar verduras para o jantar e depois servi-lo, para o deleite de todos! Esta se tornou uma tradição muito querida, que continua até hoje em todos os retiros da Amma. Nesta altura, muitos novos devotos viajavam pelo país para participar dos programas da Amma, portanto, havia muitas mãos para ajudar em toda a preparação e limpeza do salão, embora na época não tivéssemos nenhuma equipe formal consistente do princípio ao fim. Eu era a pessoa que assinava os contratos de aluguel dos salões, por isso, ficava com a custódia das chaves e abria o salão antes de cada programa. Também era minha responsabilidade assegurar-me de que o salão estivesse bem fechado no final da noite. Algumas noites, se o programa de *darshan* tivesse se prolongado até tarde e houvesse um tempo limite para fechar o salão, a própria Amma orientava os devotos na arrumação do salão e no recolhimento da lojinha e do sistema de som.

No fim da turnê de 1988 pelos EUA, a Amma aceitou convites para realizar programas em duas novas cidades, Los Angeles e Maui, além das 15 outras cidades e vilarejos já inclusos no roteiro de visitas da turnê de 1989. Após o extenso itinerário da turnê americana, a Amma voou diretamente para a Europa para a turnê europeia, que agora já havia crescido e incluía Londres, Paris e Zurique, além da Alemanha e Holanda.

UMA GRANDE MUDANÇA

Um ano inteiro havia passado num piscar de olhos, e já estávamos em 1989. Eu estava passando cada vez menos tempo na Índia com a Amma, pois cada vez mais era necessário antecipar o planejamento para coordenar suas turnês. Tive a sorte de estar com ela em sua primeira visita a Nova Délhi e Calcutá, e de ter a preciosa lembrança da consagração do Templo Brahmasthanam de Nova Délhi. Ao mesmo tempo em que eu estava sendo distanciada da Índia, era gratificante ver quantos ocidentais estavam vindo

Ajudando nos preparativos para a primeira visita
da Amma ao Ashram de San Ramon, 1988

passar algum tempo na Índia com a Amma. Suas fisionomias começavam a brilhar com a paz que só as práticas espirituais dão, e buscadores de todo o mundo se uniram ao *ashram*, tornaram-se renunciantes e passaram a levar uma vida de serviço desinteressado, tendo a Amma como seu guru. A Mãe Divina estava se conectando com seus filhos. Isso estava claro.

O nível de energia da Amma sempre parecia capaz de se equiparar e até de superar o que fosse necessário em cada momento. Viajando com a Amma, sentando-me com ela após cada programa e falando como as coisas estavam indo, eu me maravilhava constantemente com a absoluta firmeza mental da Amma. Nada podia drenar seu nível de energia, nada podia alterá-la; ela transbordava energia e consciência. O extenuante programa de turnês continuava na Índia e no exterior, mas a Amma prosseguia em pleno vigor. Éramos nós, seus filhos, que lutávamos para acompanhar o ritmo dela! Quando me recordo das agendas das turnês... havia programas um dia atrás do outro, sem qualquer dia de descanso, desde meados de maio até meados de julho, e depois Europa! Se eu tentasse extrair um dia de folga, de forma que a Amma pudesse descansar, ela percebia e logo programava alguma coisa para substituir a folga.

Já se sabia que haveria turnês mundiais a cada ano, então se tornou mais uma questão de ampliar tudo com rapidez suficiente para incluir a todos. Eu tinha que duplicar as receitas dos retiros, e os salões precisavam ser um pouco maiores. Adicionamos dois alto-falantes ao sistema de som. Uma picape Chevrolet 4x4 de uso industrial, totalmente nova, foi doada para que pudéssemos transportar o equipamento da turnê por todo o país. A Amma realmente queria que eu me juntasse a ela na turnê da Europa. Assim, finalmente tive a chance de ver os programas da Amma em Schweibenalpe e Zurique, dois lugares onde eu havia apresentado "Um dia com a Mãe" em 1986.

UM TOQUE

Tivemos um momento interessante na turnê norte-americana de 1989, enquanto eu dirigia a van para a Amma e o grupo, de Nova York até Boston, logo após o final do *Devi Bhava* na catedral de Saint John, the Divine, no centro da cidade de Nova York. O público havia sido enorme. Portanto, praticamente amanhecia quando dei partida na van. Havia começado a garoar, enquanto eu atravessava o labirinto de curvas e desvios por causa de obras, para sairmos da cidade e cruzarmos a ponte em direção a Boston. Eu precisava ter muita concentração, pois não havia ninguém para nos guiar, e eu havia memorizado o mapa da rota da cidade para não me perder. Pareceu-me que a Amma e os monges estavam tendo uma conversa interessante atrás na van, então pedi ao meu copiloto, *Swami* Purnamritananda, que traduzisse. Um dos monges havia perguntado à Amma se era necessário prosseguir assim, viajando para os mesmos lugares ano após ano. A Amma logo terminaria aquela turnê, sua terceira turnê mundial, já não seria suficiente agora ficar na Índia? Agora que finalmente tantos de seus filhos espirituais já a haviam conhecido, a Amma poderia realizar seus programas no *ashram* da Índia e certamente eles iriam até lá. Seria realmente necessário que ela tivesse que passar por uma agenda tão extenuante, ano após ano?

A resposta da Amma foi imediata:

– Filho, se você quiser voltar e meditar no *ashram*, está bem. Mas a Amma dedica sua vida apenas a isso. Se a Amma toca uma pessoa mesmo que seja somente uma vez, esse toque muda o curso daquela vida para sempre. Mesmo que venham até a Amma apenas uma vez, é suficiente. O *sankalpa* da Amma é de abraçar o maior número de pessoas possível nesse mundo. A Amma nunca vai parar de fazer isso, até o seu último suspiro.

Um silêncio profundo reinou na van. O único som que ouvíamos era o ruído dos limpadores de para-brisas em sua batida ritmada. E foi assim, com essa mensagem comovente da Amma, que os quilômetros se dissolveram, enquanto eu dirigia para o leste, na direção de Boston.

CENTRO AMMA DE NEW HAMPSHIRE

Em julho de 1989, a turnê da Amma estava chegando ao fim, na Costa Leste, no centro de terapias alternativas que Jani e Ganganath McGill mantinham em Temple, New Hampshire, que logo se tornaria o "Centro Amma – New Hampshire".

Jani teve uma conexão muito amorosa com a Amma desde o momento em que a conheceu, em 1987, e sempre nos ajudou nas turnês dos EUA, desde aquela data. Sua família fazia o que fosse necessário, tanto receber em seu centro de terapias o primeiro retiro da Costa Leste, quanto limpar seu celeiro rústico durante semanas a fio antes da chegada da Amma, para poder realizar ali o *darshan* de *Devi Bhava*.

Acredito também que a família McGill tenha sido extremamente abençoada por serem os únicos devotos no mundo que celebraram o Guru Purnima com a Amma na espaçosa sala de meditação de sua casa. Como a auspiciosa noite de lua cheia caiu bem no término da turnê dos EUA, antes de a Amma viajar para a Europa, eles tiveram a honra de receber alguns devotos que se reuniram para celebrar o dia mais sagrado para um discípulo.

E outro grande momento ocorreu na casa deles. A turnê dos EUA havia terminado, e todos estavam ocupados se preparando para voar para a Europa no dia seguinte. A Amma estava me dando instruções sobre a turnê do ano seguinte, pois eu ficaria para trás para encarregar-me da organização preliminar da turnê de 1990, antes de retornar ao *ashram* na Índia. Esse era o momento em que a Amma aprovava cidades novas a serem adicionadas ao roteiro do ano seguinte, o que sempre me dava novas ideias.

NOVAS IDEIAS...

Aquele ano não foi diferente, mas ninguém poderia ter adivinhado o que a nossa querida Amma tinha em mente! Ela me instruiu a viajar para novos lugares, mas não cidades, desta vez – para países! Eu devia ir ao Canadá, Japão e Austrália para organizar os primeiros programas nesses países. A Amma disse que seus filhos desses lugares estavam ansiando por ela, e que era a hora de ela ir a esses países para se reunir com eles. Pensei: "Está bem, mas não conhecemos ninguém nesses países". Ainda assim, concordei sem hesitar. A primeira turnê mundial da Amma tinha sido realizada dessa mesma forma, de forma que minha experiência era que, com a bênção da Amma, qualquer coisa era possível. Não havia necessidade de falar muito, a Amma mostraria o caminho a seguir.

O planejamento da turnê norte-americana de 1990 estava indo bem, com o acréscimo de apenas uma nova cidade, Dallas. A grande mudança estava em organizar cinco retiros ao longo da turnê do ano seguinte: Maui, Los Angeles, San Ramon, Seattle e Temple, em New Hampshire. Sem pessoal fixo, sem celulares, sem notebooks, a ajuda de tantos devotos fervorosos em cada cidade foi crucial para que tudo corresse bem na turnê de verão. Passei a maior parte do tempo coordenando cada uma das nove regiões, viajando até elas para ajudar a encontrar as instalações apropriadas, cozinhando jantares beneficentes e me reunindo com as famílias que iriam receber a Amma e os monges. Naquele ano, tantos retiros significariam muita cozinha e, como eu era a cozinheira principal, tinha que apresentar minhas listas com todos os detalhes muito precisos, porque quando chegasse a época da turnê, eu estaria ocupada com outros detalhes. Em meados de setembro, eu já havia terminado a maior parte das viagens e estava satisfeita com a preparação daquela etapa norte-americana da turnê.

A etapa do Canadá já estava ficando bem organizada após minha viagem a Vancouver para reunir-me com uma família que havia conhecido a Amma em Seattle, em maio. Eles ficaram radiantes ao saber que a turnê da Amma do ano seguinte incluiria Vancouver, e que eles poderiam hospedar a Amma e seu grupo na casa deles. De imediato, começaram a organizar o programa da Amma, com a ajuda de outros amigos da família que haviam se mostrado interessados. Todos os preparativos para um grande programa em Vancouver estavam em andamento, e agora eu podia dirigir minha atenção para onde ela era realmente necessária.

CUBO MÁGICO

Naquele outono em San Ramon, na maior parte do tempo meu pensamento estava no Japão e na Austrália. Eu queria que a Amma fizesse esses programas a caminho dos Estados Unidos, para economizar dinheiro em passagens aéreas. A passagem incluindo dez cidades "ao redor do mundo" ainda estava disponível por um bom preço, com um pequeno aumento para ir até a Austrália. Esse preço seria viável para levar a Amma até lá, mas teríamos que nos programar para começar a turnê em maio. Esse esquema não me deixava muito tempo livre, pois eu estava querendo passar alguns meses na Índia com a Amma. Eu teria uns três meses para planejar os dois novos países.

A Amma havia me dado dois novos cubos mágicos, e seus nomes eram Austrália e Japão. Eu só tinha um endereço na Austrália, de uma senhora chamada Patrícia Witts, que vivia em Sidney e viera visitar a Amma em Kerala no ano anterior. No caso do Japão, não tínhamos um único contato. Escrever uma carta de apresentação para Patrícia Witts foi simples, até mesmo fácil. Eu me apresentei e contei que a Amma estaria indo à Austrália em maio. Eu visitaria Sidney logo após o Ano Novo para organizar a visita da Amma. Seria possível me encontrar com ela na ocasião e apresentar o vídeo uma ou duas vezes em Sidney? Ela gostaria de me ajudar?

– Oh, sim, isso seria maravilhoso – respondeu Patrícia.

Essa resposta foi suficiente para eu relaxar por um tempo com relação à Austrália. Quando eu chegasse lá, a graça da Amma fluiria, como sempre.

O Japão era uma história completamente diferente. Comecei a escrever para alguns centros de meditação e grupos filosóficos que pude encontrar nas últimas páginas de vários livros que pesquisei na livraria Shambala, na avenida Telegraph, em Berkeley. Cheguei a escrever para o fundador da "One Straw Revolution", um fazendeiro orgânico com ideias espiritualistas a respeito da Mãe Natureza, na esperança de algum vislumbre de resposta. Não recebi nenhuma. Em uma tentativa mais audaciosa, dirigi até São Francisco, para pesquisar o bairro de *Japantown*. Percorrendo as ruas de ponta a ponta, entrando em pequenas lojas e cafés, lendo quadros de avisos, apenas me colocando no fluxo daquela comunidade, finalmente conheci uma pessoa interessada em meditação em uma livraria escondida. Falamos sobre a Amma, e eu lhe contei que estávamos planejando uma turnê para o Japão. Ele conheceria alguém que pudesse estar interessado? Ele estaria interessado? Sim, sim, ele respondeu. Voltamos para o *ashram* de San Ramon para que ele pudesse assistir ao vídeo da Amma e saber mais coisas a respeito da visita ao Japão. Ele ficou muito emocionado e de imediato fez alguns telefonemas para o Japão, tentando estabelecer um contato para mim. Ele se esforçou bastante, mas sem sucesso. Não podia fazer muito mais; ele havia morado lá há muito tempo. O que ele me deu foram alguns endereços de pessoas que ele conhecia em Tóquio. Ele disse que eu poderia escrever para elas e tentar esse caminho. Não era muito, mas era tudo o que eu tinha para seguir adiante.

Assim fiz. Escrevi um total de cinco cartas. Estávamos no começo de dezembro de 1989. Todo dia, eu verificava o correio do M.A. Center em busca de alguma resposta do Japão. Nada. Eu sabia que o tempo estava se esgotando. Minha passagem para Tóquio estava reservada para o dia 9 de janeiro. De lá, eu voaria para a Austrália para encontrar Patrícia no dia 18 de janeiro. No dia 27, eu partiria para a Malásia, para buscar um local para o programa de lá, em seguida, voltaria para o *ashram* no dia 8 de fevereiro para unir-me à turnê da Amma pelo norte da Índia. Eu realmente esperava ter tempo suficiente.

O novo ano teve início e isso era tudo que eu tinha: nada. Eu teria que ir para Tóquio de mãos vazias em pleno inverno. Cinco anos antes, eu havia viajado para os EUA para organizar a primeira visita da Amma, mas eu tinha parentes e amigos com quem contar. Fui invadida por uma intensa sensação de desânimo. Eu não tinha ideias, não havia nada mais a fazer além de preparar minha pequena bagagem e orar. Derramei lágrimas pelo Japão.

ASHRAM DE SAN RAMON

7 de Janeiro de1990

Glorioso, glorioso dia! Havia chegado uma carta do Japão! Era de uma jovem japonesa chamada Masako Watanabe, de Tóquio. Era uma carta simples com um cartão de crédito de plástico engraçado dentro. Ela escreveu:

> *Querida Kusuma,*
> *Recebi sua carta e o que você está fazendo parece interessante.*
> *Envio anexo um cartão de telefone pré-pago para que você*
> *possa me telefonar do Aeroporto de Narita quando chegar.*
> *Atenciosamente,*
> *Masako Watanabe*

Essa carta foi suficiente para que eu prosseguisse. Estranhamente, com o simples recebimento daquela carta, senti que o programa da Amma no Japão estava confirmado. Apenas uma pessoa era necessária em uma cidade (ou país!) para que a graça pura da Amma fluísse. Patrícia na Austrália e Masako no Japão. Eu nunca havia visto um cartão de telefone antes. Só o que pude fazer foi olhar para ele com surpresa e agradecer à Amma por trabalhar de forma tão extraordinária. Senti uma profunda certeza de que tudo estava bem.

TÓQUIO

E assim foi. Dois dias mais tarde, quando cheguei ao aeroporto, telefonei à Masako e ela veio do subúrbio de Shinjuko, para me levar para seu minúsculo apartamento, de 15 tatames na imensa Tóquio, para eu organizar a primeira visita da Amma ao Japão. Seu inglês era impecável, e nós nos demos bem logo de início. Ela havia sido estudante de intercâmbio nos Estados Unidos durante o ensino médio, motivo pelo qual, ironicamente, ela me mandou o cartão telefônico. Ela queria praticar o inglês americano com alguém que escrevera uma carta tão inusitada! Ela ainda não sabia que estava destinada a ser a primeira tradutora da Amma em Tóquio e que trabalharia lado a lado com Koizumi-san, da Universidade de Tóquio para Mulheres, como coorganizadora do primeiro programa da Amma no Japão, de 18 a 20 de maio de 1990.

No ano seguinte, a Amma enviou Brandon Smith (hoje, *Brahmachari* Shantamrita) para organizar sua segunda visita ao Japão. Desde então, ele continua servindo à Amma no centro dela no Japão e em outros lugares do mundo.

SYDNEY E MELBOURNE

Chegar a Sidney foi um alívio. Eu sentia que tudo era possível, depois de superar tantos obstáculos no Japão. Patricia Witts era uma senhora de meia-idade, muito simpática, mãe de três filhos no ensino médio e que trabalhava. Realizamos uma esplêndida apresentação de vídeo em sua casa, em Chatsworth, e outra em um local próximo. Em seguida, com um entusiasmo tranquilo e prático, ela aceitou o papel de primeira anfitriã da Amma em Sidney, ao ouvir que esta era a real necessidade. Afinal de contas, ela pensou, ela havia visitado a Amma em sua casa em Kerala, então, por que não poderia retribuir a mesma hospitalidade? Não havia tempo a perder; em seguida, começamos a procurar salões na área de Chatsworth, perto da casa da família Witts, onde a Amma ficaria hospedada. Patricia também havia feito alguns contatos em Melbourne, e assim reservamos uma passagem de ônibus para eu ir para o sul e fazer a mesma apresentação de vídeo lá. Um grupo encantador de aspirantes espirituais, que já havia passado muitos anos meditando, participando de *satsangs* e fazendo peregrinações com vários mestres da Índia, encontrou-me em Melbourne e organizou uma apresentação de vídeo lá. James Conquest, Eugenie Maheswari Knox e Campbell McKellar estavam todos lá naquela noite; atualmente continuam servindo a Amma no M.A. Center de Melbourne. Depois de passarmos dez dias ocupadíssimos buscando salões, mostrando vídeos, realizando reuniões e compartilhando listas da turnê dos EUA, todas as pessoas que eu havia conhecido na Austrália estavam dispostas a fazer o que fosse necessário para receber o programa da Amma em maio. Assim, quando chegou o dia do meu retorno à Índia, parecia que tudo estava em andamento para uma sólida turnê da Amma na Austrália em maio.

CAPÍTULO 9

Outono de 1990

Tarangayita apime sangat samudrayanti

Embora no princípio (as tendências negativas) surjam apenas como marolas, elas acabam se tornando um oceano.

Narada Bhakti Sutras, verso 45

Eu vinha viajando ininterruptamente por cinco anos, organizando os programas da Amma por todo o mundo. Meu serviço havia se tornado meu único *sadhana,* e o lindo equilíbrio de meus primeiros anos com a Amma havia sido erodido pela minha falta de *shraddha*. Meditação, *satsang* e autoestudo haviam caído como as folhas secas caem de um galho murcho. Além disso, eu havia deixado de praticar *yoga* e estudar sânscrito ao ponto de não terem mais lugar em minha vida. Eu estava ocupada servindo. Eu pensava egoistamente que como vivia e respirava na Amma o tempo todo, não precisava me preocupar. Assim, por descuido, abandonei a essência de minhas práticas.

Foi assim que pensamentos negativos começaram a me perturbar. No começo, apenas vagavam pela minha mente, como o som penetrante do zumbido de um mosquito. Subestimando seu poder acumulativo, eu simplesmente os ignorava, empurrando-os para os obscuros recessos de minha mente. Contudo, eles continuavam a voltar. De repente, comecei a ver defeitos em todos ao meu redor. Eu achava uma pessoa irritante, outra pessoa preguiçosa, ou ficava estressada quando um voluntário chegava atrasado. A jovem que eventualmente acabou deixando a organização, com quem eu tinha que ter tomado cuidado por causa de seu ciúme, me parecia muito hipócrita permitindo que as pessoas a adulassem para que pudessem ter acesso à Amma, e depois as apunhalando pelas costas. Mesmo sendo tão querida e respeitada, ela manipulava as situações e era muito controladora. Todas essas atitudes se somavam e me irritavam.

Esses pensamentos e situações aparentemente insignificantes começaram a se acumular e a envenenar minha visão das coisas. Assim ocorre com os pensamentos negativos: quando não os levamos em consideração, lentamente nos levam a um estado de complacência; eles se tornam um estado negativo da mente. Logo, nossa percepção inteira começa a ser filtrada através deste modo negativo da mente. Antes que percebamos, ficamos presos em nosso próprio turbilhão de negatividades, sugados para dentro de seu vórtice, oscilando de uma má escolha para outra. Inevitavelmente, acabamos afogados nas consequências inegociáveis de nossas escolhas.

Como *Sri* Krishna claramente adverte Arjuna nos versos 62 e 63 do segundo canto da Bhagavad Gita:

Dhyayato visayanpumsah sangastesupajayate
Sangatsanjayate kamah kamat krodho'bhijayate

Ao residirmos nos objetos dos sentidos, surge o apego.
Do apego nasce o desejo, do desejo, surge a raiva.

Krodhad bhavati sammohah sammohat smrti vibhramah
Smrti bhrams'ad buddhinas'o buddhin asat pranas'yati

Da raiva surge o engano,
com o engano, perde-se a memória,
com a perda da memória, o discernimento é destruído;
com a destruição do discernimento, perecemos.

No ano de 1990, eu estava em um atoleiro profundo, de minha própria criação. Emocionalmente esgotada por meus pensamentos negativos, afogada por não tê-los tirado do meu peito, fisicamente cansada pelas viagens constantes, espiritualmente esgotada pela falta de práticas espirituais, não me dei conta do perigo em que me encontrava. Não tentei recorrer a alguém espiritualmente mais experiente dentre as pessoas que me eram tão queridas, que sempre estiveram me apoiando nos bons e maus momentos. O pior de tudo, eu nem sequer me confidenciava com a Amma. Em vez disso, um tolo senso de orgulho de que os outros não deviam saber sobre a minha agitação mental me levou a uma encruzilhada perigosa, sem que eu sequer percebesse. Em uma palavra, meu ego, que eu havia me proposto a transcender, havia se tornado meu confidente mais íntimo.

Quanto mais fechado meu coração ficava, mais eu me isolava da Amma. Meu comportamento de ficar ruminando criou vida própria; logo se passou um ano de sofrimento autoimposto e de conflitos internos. Os outros estavam aproveitando os bons tempos; os programas estavam sendo disseminados por todo o mundo: América, Canadá, Europa, Austrália, Cingapura e Japão haviam aberto seus corações e braços para a Amma. Mas, pobre de mim, encolhida, enrolada como uma bola, sentindo pena de mim mesma.

Olhando para trás, sei que os outros perceberam que aquele ano foi doloroso para mim. Posteriormente, me disseram que ninguém podia se aproximar de mim. Ninguém conseguia vencer o muro que eu havia criado. Eu não ouvia ninguém, não deixava ninguém entrar, nem mesmo a Amma. Finalmente, em meu estado enfraquecido, o desejo mostrou sua cabeça feia que me engoliu por inteiro. Ele me mastigou e me cuspiu lá do outro lado, bem longe da Amma.

Sonhos estranhos chegaram inesperadamente, fantasias do relacionamento perfeito, da vida perfeita, qualquer coisa para escapar da ironia em que fui aprisionada: eu tinha tudo o que havia pedido nas minhas orações, estava servindo a Amma ao máximo, mas havia perdido o desejo de alcançar a meta. Tudo me parecia sem vida, contraditório. Eu havia perdido minha humildade, meu equilíbrio, meu objetivo. Minha natureza teimosa mergulhou-me em uma série de decisões funestas que ainda repercutem em minha vida, apesar de agora, finalmente, eu ver a profunda harmonia subjacente a todas elas. No entanto, essa compreensão veio mais tarde. Muito mais tarde.

Eu entrei na fase do jogo de procurar um culpado. Basicamente, comecei sutilmente a culpar os outros pelo que eu estava passando. Quando começamos a exteriorizar nosso processo interno atribuindo ao outro a fonte de nossas desgraças, atingimos o auge do engano. É a síndrome do "pobre de mim" fortalecida, que nos derruba com mais rapidez do que um furacão chegando à costa de New Orleans. É um estado mental brutal e sem piedade, que não poupa ninguém, nem a si mesmo. A destruição causada pelo esquecimento da verdade, *"tat tvam asi"* (Tu és Isso), é devastadora. Todas as medidas de nossa vida espiritual ficam fora do eixo. Aceitamos o que deveríamos rejeitar, e rejeitamos o que nos é mais necessário.

Pegue raiva, ressentimento, um ego desenfreado e dono da verdade, misture com um pouco de autopiedade e uma grande porção de teimosia e você terá a receita para um desastre. O que começou com coisas pequenas, insignificantes, como sentir-me magoada, incompreendida e não apreciada, ficar mal humorada e irritadiça com as pessoas ou julgá-las maldosas e desonestas, foi se acumulando. E então, como os liliputianos de Gulliver que o venceram no final, essas pequenas coisas me fizeram desabar totalmente.

Somente anos mais tarde me dei conta do quanto minha percepção havia ficado distorcida. Em vez de procurar os defeitos em meu interior, eu estava demasiado ocupada vendo defeitos nos outros. Eu não havia compreendido por qual motivo a Amma tolerava tal comportamento perto dela. Posteriormente, vi que não é porque ela concorda com esse comportamento, mas porque ele atua como uma máquina de polir pedras, as pontas afiadas de cada pedra vão se desgastando pelas bordas rígidas das outras. Isso é frequente quando se vive em comunidade. Eu precisava aprender a lição de não criticar os outros quando eu mesma estava lutando para erradicar minhas próprias qualidades negativas. Eu podia ter mantido meu foco atento na Guru e não ter permitido que as qualidades negativas de uma pessoa que aparentemente estava perto da Amma estragassem minha visão. Era mais fácil culpar os outros pelos problemas criados por minha própria teimosia, arrogância e raiva do que praticar a introspecção. Esses padrões de culpa e projeção, combinados com a hostilidade que estava sendo gerada dentro de mim por um ano, criaram a tempestade perfeita.

Às vezes, falta-nos maturidade para aprender nossas lições espirituais de uma maneira graciosa e gentil. Certamente, esse era o meu caso. Em setembro de 1990, tendo concluído todo o planejamento preliminar para a turnê de 1991 pelos EUA, deixei o itinerário e os planos de organização sobre minha escrivaninha no *ashram* de San Ramon. Em um fichário de três argolas, arrumei cuidadosamente todos os contatos regionais por área, de todo o mundo, incluindo minhas anotações meticulosas, descrevendo cinco anos de planejamento de turnê, planejamento de retiros, receitas etc. e o coloquei sobre minha escrivaninha juntamente com o plano mestre da turnê de 1991 pelos EUA. Eu não pretendia deixar que as turnês da Amma se desintegrassem somente porque eu estava me desintegrando. Quando saí do escritório, eu disse a um dos residentes que estava trabalhando por ali:

– Tem algo sobre minha mesa que você vai precisar.

Depois de me despedir do monge encarregado, dizendo que eu precisava "de um descanso", carreguei o carro da minha irmã com meus poucos pertences e saí.

Assim, deixei a Amma, sem explicar nada para aquela que havia sido a pessoa mais importante durante a maior parte da minha vida, que havia me dado tudo o que eu precisava. Foi um encerramento audacioso, calamitoso, de uma fase maravilhosa da minha vida.

QUERIDO DIÁRIO...

A primeira coisa significativa que fiz depois de deixar o *ashram* de San Ramon, foi escrever no meu diário o que eu pensava que tinha dado errado. Eu havia dirigido até a costa de Mendocino, no norte da Califórnia. Lembro-me de ter ficado observando a maré, que retrocedia vagarosamente no estuário de Point Mendocino, formando um cenário tranquilizador para eu recuperar o fôlego. A água salgada misturava-se com a água fresca e gerava uma diversidade de vida. Passei meu trigésimo aniversário no rio e, em seguida, dirigi para o Leste, de volta ao Novo México, onde tudo havia começado. Consegui encontrar um emprego em um restaurante e um lugar para morar. Meu diário foi deixado em algum lugar e logo acabou extraviado e esquecido.

Arranjei um namorado. O relacionamento terminou sendo um desastre. Enterrei minhas lembranças mais especiais. Não tentei entrar em contato com a Amma nem pedir-lhe conselho. Não participei do grupo de *satsang* que se reunia perto de Santa Fé. De certa forma, parei de me comunicar com meu próprio coração. Criei uma fortaleza em minha cabeça para manter isolados todos os pensamentos de recriminação, assim eu podia fazer tudo o que eu quisesse. E, realmente, o que eu queria? Se alguém estivesse assistindo, acharia que eu estava empenhada em arruinar minha vida. Vivi aqueles meses como se nada mais tivesse importância.

A idade moderna do cinismo era o palco perfeito para o meu eu egocêntrico e petulante. Ninguém podia me dizer nada; de qualquer forma, eu não queria ouvir.

Embora fosse um isolamento voluntário, por mais estranho que pareça, eu continuava a recitar meu mantra, como se parte de mim pudesse ver minha vida espiritual se desprendendo e se recusasse a liberá-la totalmente. Talvez fosse um temor subconsciente de esquecer meu mantra e nunca mais encontrar o caminho de volta à Amma. Embora eu estivesse no processo de arruinar minha vida, no fundo, como uma pulsação fraca, eu ainda sentia amor pela Amma e esperava que ela me perdoasse e me salvasse. De algum modo, um ano se passou.

No ano seguinte, 1992, havia chegado o momento de fazer a limpeza de primavera, e encontrei o diário onde escrevi no dia em que eu havia partido. Sentei-me para lê-lo e fiquei atônita: a essência de quase todas as queixas se resumia basicamente em culpar outras pessoas! Muitas das situações que sofri foram desencadeadas por minhas próprias ações, por minhas próprias interpretações erradas. Naquele momento, pude ver a verdade com muita clareza. De repente, ficou difícil respirar, e as lágrimas começaram a descer pelo meu rosto. Indignada comigo mesma, sentei-me ali, atordoada, por muito tempo.

Então, tomei uma decisão. A urgência era tão contundente e forte que saí e caminhei até Taos Mesa, colhi braçadas de sálvia seca, cavei cuidadosamente um buraco e acendi uma fogueira. Ela acendeu toda de uma vez, como a sálvia faz, e queimei meu diário ali mesmo. Tomei a firme determinação, na verdade fiz um voto, de ser realista comigo mesma. Eu escreveria uma lista, uma lista diferente. Esta lista não seria a respeito das outras pessoas, mas a respeito de mim mesma. Naquela noite, eu me dei conta de que a felicidade é uma escolha, não um presente que alguém nos dá. E eu compreendi que a verdadeira cura ocorre somente quando paramos de culpar os outros e começamos a perdoá-los e a nós mesmos.

Olhando para trás, parece que seriam apenas alguns passos desde aquele dia do descobrimento do diário até eu voltar aos braços da Amma, mas a caixa de Pandora tem uma forma estranha de não querer ser fechada depois de ter sido aberta. Como aspirantes espirituais – como seres humanos – somos uma estranha mescla de livre arbítrio e destino; o primeiro não é fácil de ser exercido, e o segundo não é fácil de ser manipulado. Caso escolhamos voluntariamente construir nosso próprio caminho, podemos estar seguros de que o universo arranjará alguns anos cármicos a mais, antes que o arco se curve de volta até onde o queremos.

Nesta altura, eu comecei a chorar de verdade. Das profundezas de minha alma, eu implorava à Amma para que me salvasse, para que me pescasse da grande poça de lama em que eu havia mergulhado. Que ela me desse a força da convicção para voltar. Para eu não esquecer que nunca é demasiado tarde para voltar à vida espiritual. Eu já havia sofrido o suficiente para saber que as verdades espirituais que a Amma ensinava eram autênticas. Jamais alguém poderia me amar com um amor tão puro como o da Amma. Sua graça era matéria de lendas. Como eu poderia ter sucumbido à amnésia, quando cheguei a testemunhar como ela curou Dattan, o leproso? Como eu pude ficar tão hipnotizada por *maya*, a ilusão da realidade, pelo brilho das coisas efêmeras do mundo?

Tomei coragem e decidi que era o momento de enfrentar as consequências. Prometi a mim mesma participar de algum programa de *bhajans* durante a turnê daquele verão pelos EUA. Para ser sincera, eu estava nervosa e com medo de ir ver a Amma. Como ela reagiria? O que os outros teriam a dizer? E se fosse horrível? Apesar de toda essa tagarelice interna, a essa altura, francamente, eu tinha mais medo de permanecer distante.

Aconteceu de eu estar em Berkeley, por causa de um encontro da turma em que eu havia me formado há dez anos, quando o desejo de ver a Amma se tornou irresistível. Eu estava contando a alguns dos meus ex-colegas de faculdade sobre o tempo em que vivi com ela e, como nenhum deles a conhecia, eles eram um público bem seguro para compartilhar minhas lembranças, até que um amigo disse:

– Ei, a Amma está na cidade. Vamos a um programa!

Meu estômago deu cambalhotas e senti borboletas voando dentro dele. Eu estava pronta? Seria simples assim? Simplesmente ir a um programa? Ir ver a Amma! Assim como centenas de outras pessoas estavam fazendo naquela noite, lá fomos nós.

BERKELEY, 1992

Kannunir kondu nin padam kazhurkam
katyayani ni kaivitalle...

Com minhas lágrimas lavarei teus pés, Ó Katyayani
Mas, por favor, não me abandones...

Amritanjali, Volume Um

Aconteceu que o lugar do programa era perto do campus de Berkeley da Universidade da Califórnia, meu antigo território, um lugar onde eu havia organizado inúmeros programas para a Amma. Teoricamente, eu poderia estar bem tranquila, mas não estava. Ao entrar pelo salão, eu estava totalmente nervosa. E as duas primeiras pessoas que vi caminhando em minha direção eram minhas duas pessoas favoritas: *Swamiji* e *Brahmacharini* Nirmalamrita, minha antiga amiga da primeira apresentação de vídeo em 1986. É difícil de acreditar, mas saí correndo do salão, como um cão com o rabo entre as pernas. Eu estava pronta para ver a Amma, mas não meus queridos irmãos e irmãs. Eu estava muito ansiosa com a possível reação deles. Imaginem a surpresa de minha colega da faculdade quando se virou e viu que estava sozinha? Alcançando-me, ela perguntou:

– O que há de errado com você? Pensei que quisesse vir ver a Amma. Por que você saiu correndo?

Dei uma desculpa esfarrapada e saímos, apesar de ela estar um pouco irritada, pois havíamos atravessado um tráfego bem intenso para chegar a tempo ao programa, apenas para dar meia volta e sair.

Naquela noite, fiz uma avaliação do meu estado interior. Talvez eu não estivesse tão pronta para ver a Amma quanto eu havia pensado. Por que tive uma reação emocional tão forte com relação aos meus antigos amigos espirituais? Concluí que eu precisava de mais preparo, de mais reflexão antes de poder ver a Amma. Mas não me safei com tanta facilidade. No dia seguinte, no final da tarde, minha amiga passou lá em casa e em suma me disse que iríamos a um programa da Amma, quer eu gostasse ou não. Ela não queria ouvir nem mais uma palavra sobre isso, portanto, era melhor eu entrar logo no carro. No trajeto para lá, eu ia recitando meu mantra como uma louca. Agora as coisas estavam realmente tomando uma direção inesperada, totalmente fora do meu controle. Não havia nada que eu pudesse fazer, apenas me render. Desta vez, foi mais fácil entrar no salão. Apenas imaginei um manto de invisibilidade sobre mim, deixei minha amiga me levar pelo salão e sentei-me no lugar que ela escolheu. Eu desviava o olhar, de forma a não perder o controle.

Os *bhajans* foram incríveis, eles me acalmaram como nunca me havia ocorrido antes. Em pouco tempo, tive uma sensação de bem-estar, de relaxamento agradável, e pude voltar a respirar. Quando terminou a última nota do *arati* e as orações finais foram recitadas, senti uma mão gentil sobre meu ombro. Era outra de minhas amigas favoritas, *Brahmacharini* Rema Devi, de San Ramon; ela parecia um anjo, com um enorme sorriso. Ela pegou minha mão e me conduziu por entre todas as pessoas, direto para a Amma.

Nunca esquecerei aquele momento. Senti como se todos no salão tivessem parado de respirar ao mesmo tempo. A Amma olhou para cima, nossos olhos se encontraram, e ambas nos pusemos a chorar. A Amma me puxou para seu colo e então me segurou no abraço mais amoroso, por um tempo muito longo. Em seguida ela me soltou e nos olhamos nos olhos outra vez. Então, rimos às gargalhadas e choramos mais um pouco. *Swamiji* e *Swami* Paramatmananda, Ron, Steve Fleischer e Bhakti haviam se aproximado da cadeira da Amma. Todos estavam irradiando tanto amor sobre mim que eu não conseguia nem pensar. Era como nadar em um recipiente transbordando de amor divino por todos os lados.

Minha amiga foi tomada pela surpresa com a emoção desse encontro. Mais tarde naquela noite, quando estávamos saindo do salão, ela disse:

– Nunca vi tanto amor em minha vida. Aquelas pessoas amam muito você. Você realmente tem sorte. Você realmente é especial para elas.

Eu não tinha palavras. A experiência havia sido de tamanha humildade que as camadas da fortaleza do meu ego foram se desmoronando uma após outra.

Embora permanecesse grande a distância medida em quilômetros e anos antes que eu finalmente voltasse a viver em Amritapuri, e embora eu tenha cometido muitos outros erros no caminho que trilho com a Amma, posso dizer sinceramente que daquele ponto em diante, eu nunca mais fiquei "longe da Amma" em meu coração. Desde que nos reencontramos naquela noite em Berkeley, embora eu ainda tivesse muitas dificuldades, tenho sido profundamente feliz e alimentada por minha conexão com a Mãe Divina ancestral que é Mata Amritanandamayi. E sou eternamente grata por esta luz de pura graça ter brilhado sobre mim novamente.

CAPÍTULO 10

Quanto mede o oceano

Como medimos o oceano? Podemos explicar seu mistério? Sua largura, sua profundidade? As incontáveis formas de vida que se refugiam em sua vastidão? Não é possível realizar uma tarefa tão gigantesca com os instrumentos que temos. Basta descrever o oceano da melhor forma possível: sua salinidade, suas misteriosas marés altas controladas pela lua e tudo mais... Podemos colocar os dedos do pé na água para senti-la, podemos continuar a descrevê-la e debater sobre todos os seus aspectos, mas, no final, cada um de nós precisará decidir: quero saber por mim mesmo o que se sente ao mergulhar no mar? Quero me molhar? Quero aprender a nadar?

Para o oceano, não faz diferença alguma se uma pessoa mergulha e descobre suas maravilhas, ou se outra sai frustrada e desanimada. Milhões podem nadar, navegar ou pescar em um dia. O oceano não se incomoda. Ele não se altera pelo fato de alguns nadarem e outros não. Está ali para todos, em qualquer medida que nós o aproveitemos. O oceano continuará da mesma forma que tem sido desde o início dos tempos.

Pode-se dizer o mesmo de um guru. Quem pode penetrar na plenitude da Realização do guru? Quem pode descrevê-la? Não há um teste científico definitivo para provar a iluminação de um guru, exceto através de nossos limitados poderes de observação e discernimento; mas, no final, da mesma forma que ocorre no caso do oceano, não se trata de quantificar perfeitamente o estado de Realização de um guru para medi-lo. Cabe a nós decidir para onde pretendemos dirigir nossa vida transitória.

O que é que atrai alguns de nós para a vida espiritual e a outros não? Por que algumas pessoas decidem buscar um guia espiritual e outras repelem sua mera sugestão? Há que se levar em conta diversos aspectos para responder a essa questão; muitos motivos são óbvios, alguns são mais ocultos. Entretanto, a maioria das pessoas, ricas ou pobres, podem concordar que há um vazio, uma dor, um fio de sofrimento que perpassa nossas vidas e que nos faz querer mais, que nos deixa ansiosos por encontrar um significado mais profundo para a vida. Alguns podem recorrer a livros espirituais, palestras ou mestres para obter algumas respostas, um pouco de paz, felicidade. Outros se perdem em drogas, álcool ou maus relacionamentos para aliviar sua dor. Muitos caem em depressão por causa de suas condições de vida e do mundo, incapazes de viver com essa dor vazia que não conseguem compreender. Multidões de pessoas andam sem rumo pelo mundo, mais ou menos satisfeitas com a situação, e vivem os acontecimentos de sua vida oscilando como um pêndulo entre a felicidade e a tristeza. Cada um de nós desenvolve uma abordagem única para viver a vida, quer estejamos conscientes disso ou não.

Suponhamos que pertençamos ao primeiro grupo, que somos inspirados pelo que lemos, ouvimos ou vemos em um guru. Talvez pensemos em ir além, em dedicar um tempo para aprender a meditar, praticar *hatha yoga* ou participar de um retiro espiritual. Quando nos voltamos para a espiritualidade, encontramos consolo e compreensão. Se tivermos sorte, encontraremos um Verdadeiro Mestre como a Amma. Nesse momento, nossa alma saberá que chegou à presença de uma grande alma, de um *Mahatma*. Então, começa a batalha entre a alma e o ego, desencadeia-se um conflito entre nosso destino espiritual e nosso livre arbítrio, e a vida se torna uma tensão dinâmica entre o autodescobrimento e o auto-engano. O encontro com um Mestre Realizado é o catalisador que acelera o despertar. Agora acredito que, quando conhecemos um *Mahatma*, não há forma de voltar atrás. Torna-se apenas uma questão de quão rápido queremos avançar. Para alguns, a viagem é longa e combativa, cheia de passos em falso e distrações, enquanto para outros é uma viagem rápida e tranquila. Nós somos o fator determinante. A Grande Alma permanece pacientemente em seu estado desperto; nossa escolha de vir ou ir não trará consequência alguma para o Mestre. Nós que temos algo a ganhar, não ele.

Há uma antiga tradição transmitida ininterruptamente da Realização do Ser: quando um aspirante estabelece um vínculo com um guru que pode conduzi-lo para além do ciclo de nascimento e morte, até a Liberação. Há uma vasta literatura sobre escrituras espirituais, tanto antigas quanto contemporâneas - os Upanishads, os Puranas, a Bhagavad Gita, além de comentários sobre essas obras, que elucidam cada aspecto e cada detalhe do relacionamento entre guru e discípulo e o que o caminho espiritual envolve. Esses registros não vieram da imaginação ou da conjectura de alguém; eles foram escritos a partir da experiência direta daqueles que, antes de nós, alcançaram o auge da consciência humana, o estado liberto de pura Unidade.

O compromisso do guru com o discípulo é absoluto, infalível. O guru ensina de tal modo que o ego e os desejos egoístas são transformados. Esse é o único objetivo do mestre - despertar o estudante. Inúmeras são as almas que percorreram esse caminho, procuraram Mestres espirituais e fizeram o necessário para fundir suas consciências egocêntricas na grande Unidade - e obtiveram sucesso. Mas esse caminho não é para aqueles de vontade fraca; é preciso uma mente forte para trilhar o caminho e continuar penetrando cada vez mais no mistério da existência. Há muito mais fracassados do que bem-sucedidos, especialmente nesta época de cinismo que atravessamos atualmente.

Precisamos analisar cuidadosamente um guru antes de nos entregarmos a ele. Precisamos estar plenamente convencidos de sua capacidade de nos guiar. Entretanto, uma vez que tenhamos decidido aceitar o mestre e seguir o caminho até a meta, não devemos continuar com nossa análise minuciosa, ou o guru não poderá nos guiar até a Realização do Ser.

LUA DE MEL

Eu me uni novamente à Amma na turnê de 1993 pelos Estados Unidos. Ela me recebeu de braços abertos. Os programas haviam se expandido, e agora havia uma van para a equipe. Fui amavelmente incluída. Embora fosse difícil enfrentar tudo o que eu havia deixado para trás, à medida que a turnê atravessava o país, velhos amigos me davam boas-vindas calorosas e chorávamos e ríamos juntos das decisões insensatas que tomamos na vida.

Após o final da turnê de 1993 pelos EUA, eu voltei para o Novo México e organizei tudo para voltar a morar com a Amma na Índia. Eu ansiava por minha vida espiritual novamente; não queria perder essa oportunidade. A Amma foi muito compreensiva e me incentivava de todas as maneiras. Uma das primeiras coisas que ela me disse, logo após minha chegada, quando estávamos sentadas no quarto dela, foi que o passado era um cheque cancelado; eu tinha que deixá-lo para trás e não ficar pensando nele, caso contrário eu não faria progressos. Ela não me culpou em absoluto; manteve-me por perto, embora agora houvesse muito mais pessoas competindo pela atenção dela. Todos ficaram contentes por me ver. O pai da Amma, Sugunanandan Acchan, chorou na primeira vez que me viu. Seu largo sorriso dizia tudo, enquanto balançava a cabeça de maneira muito carinhosa e dizia:

– Kusumam, Kusumam – em um tom carregado de ternura.

Todos os membros mais antigos da comunidade, muitos que hoje usam a veste amarela da iniciação formal, me comunicaram, em sua maneira discreta e gentil, que estavam felizes por me ver

de volta. Havia muitos residentes novos que não me conheciam, e era bom fazer o *seva* com eles, anonimamente, por assim dizer.

Ainda assim, foi difícil retomar meu velho ritmo, meu equilíbrio, minha prática. Acabei me dando conta de como é fácil demolir algo, e quanto custa reconstruí-lo. Fiquei impressionada quando percebi quanto dano eu havia causado ao meu antigo entusiasmo pela meta. Então, decidi voltar à base, tentar recuperar minha inocência perdida. A Amma estava sempre nos incentivando a ter a mente de principiante. Seria realmente possível?

Para seguir o caminho do amor é necessário primeiro amar o caminho! O maior obstáculo que encontrei foi minha incapacidade de me perdoar e de voltar a acreditar em mim mesma. Então, decidi começar por aí. Retomei as práticas devocionais, que eu havia deixado de lado de maneira tão descuidada, para permear novamente meus pensamentos, minhas palavras e minhas ações com paz e tranquilidade. Sempre gostei de repetir meu mantra e contemplar a face da Mãe Divina, minha amada Amma. Eu sempre me sentia muito realizada ao oferecer minha energia, meu talento e meu intelecto de forma a servir aos demais desinteressadamente. Meu coração derretia quando eu ouvia a Amma cantar, me atraindo para um plano mais elevado. Minhas orações voltaram a ser sinceras – *Por favor, Amma, salve-me, guie-me de volta* à *graça!*

De forma lenta, mas segura, minha memória da Verdade retornou. Minha amnésia espiritual diminuiu. Meu discernimento para manter boas companhias foi restabelecido. Eu pude ver onde estavam alguns dos meus apegos e me examinava com essa consciência, tentando testemunhar o jogo das emoções em meu interior, em vez de ser aprisionada por ele.

Durante esse período, somente uma vez alguém disse algo negativo que realmente me afetou. Essa pessoa esperou uma oportunidade em que eu estivesse sozinha para se aproximar e disse:

– Por que você se deu ao trabalho de voltar? Por que não apenas curtir a vida e deixar tudo isso para trás de uma vez por todas?

Fiquei demasiado chocada para responder. Ela era conhecida por sua grande devoção à Amma, mas, ao mesmo tempo, nos bastidores, às vezes era realmente desagradável. Ironicamente, era a mesma mulher que acabou deixando o *ashram*. Fiz um registro mental para me manter distante dela, embora muitas vezes eu não tenha encontrado uma forma.

Ela me encarregou da atribuição dos trabalhos voluntários na área de *seva*, e logo voltei a ter problemas. Externamente, eu estava me saindo bem. Ser a coordenadora do *seva* era fácil em comparação com a organização de turnês, mas, internamente, eu estava em uma batalha. Reconstruir a vida espiritual requer tempo e energia. Agora eu podia ver que as primeiras braçadas quando se mergulha na vida espiritual são momentos maravilhosos e excitantes. Mas, à medida que avançamos pelo caminho, há muitas lições difíceis de serem aprendidas e muitas experiências dolorosas a serem vivenciadas. Não deveríamos ficar tão surpresos com elas. Quanto esforço e sacrifício devem ser feitos para se formar em medicina ou terminar um doutorado? Afinal, a espiritualidade não é um caminho menos exigente do que o de uma disciplina acadêmica. Entretanto, uma pergunta mais importante se impunha – será que estava à altura da tarefa?

Rapidamente, percebi que cabia a mim manter o ânimo elevado, aprender bem as lições e mudar. Se eu não conseguisse manter o entusiasmo para alcançar a meta, então, a graça pura que flui ao redor da Amma, como o fluxo torrencial e infinito das Cataratas do Niágara, não me serviria para nada. A graça é nossa, para que a recebamos na mesma medida do esforço que fazemos. Nada falta a uma Mestra Verdadeira como a Amma. O que se percebe no caminho, com maior frequência, são os passos vacilantes do discípulo.

MEDIDA DO COMPROMISSO

Uma de minhas melhores amigas, Nancy Crawford, conhecida na época como Suniti e posteriormente como *Brahmacharini Nirmalamrita*, havia se mudado para a Índia e se tornado uma renunciante no *ashram*. Havíamos trabalhado juntas em todas as turnês desde 1986, especialmente no planejamento dos retiros. Suniti tinha sido cientista da Universidade da Califórnia, Berkeley, na mesma Faculdade de Recursos Naturais em que eu havia me graduado, e tínhamos muito em comum. Sempre que tínhamos um momento livre, ficávamos entretidas em conversas sobre grandes temas, como espiritualidade, vida e morte. Embora ela tivesse muitos amigos, eu havia sido como uma irmã mais velha para ela em seus primeiros anos com a Amma, e era alguém em quem ela confiava. Agora, os papéis haviam se invertido, e eu considerava sua firmeza e forte determinação como uma fonte de inspiração

Quando estávamos nos conhecendo melhor, durante as turnês pelos EUA, fiquei sabendo que ela havia tido câncer, não uma vez, mas duas. Suniti tinha um ponto de vista interessante sobre sua doença. Em ambas as ocasiões, ela havia se submetido ao tratamento alopático tradicional, passado por toda a quimioterapia, toda a radiação, todo o sofrimento e todo o período de recuperação. Mas ela disse que, o que realmente fez a diferença, foi mudar de atitude mental e de estilo de vida. A segunda manifestação do câncer foi o que a levou para a espiritualidade.

Suniti tinha muita clareza em relação à morte. Sabia o que era ter câncer e não era ingênua em relação à doença. A possibilidade de ter câncer uma terceira vez era bastante real; ela ainda fazia exames anuais para se assegurar de que continuava com boa saúde, sem câncer. Suniti acreditava que não sobreviveria a uma terceira vez. Ela não ficava remoendo o significado disso, aceitava-o com uma mente inabalável.

Logo após o meu retorno, tivemos uma profunda conversa sobre esse assunto. Ela me disse que seu maior desejo era servir a Amma até exalar seu último suspiro e usufruir ao máximo a vida de renúncia. Ela disse que, se voltasse a ter câncer, queria ficar perto da Amma e servi-la até o último momento. Suniti já havia refletido bem sobre o assunto. Parecia que ela estava fechando um acordo, um acordo tácito segundo o qual, se ela sentisse novamente que havia um câncer crescendo em seu corpo, ela o deixaria seguir seu curso, não desperdiçaria dinheiro em um tratamento caro, em vão. Se interrompesse sua vida espiritual para se submeter por uma terceira vez à quimioterapia e à radiação, certamente ficaria tão enfraquecida que não conseguiria continuar com o caminho que ela havia escolhido junto à Amma. Mesmo com o tratamento, ela sabia que provavelmente não sobreviveria a uma terceira recaída. Eu me sentia muito inspirada por ela agora, como ela havia se inspirado em mim no passado – seu compromisso com o caminho espiritual com a Amma era inabalável.

Certa tarde, sentada no quarto de Suniti, no nível da varanda do templo de Kali, perguntei a ela francamente: se o tumor voltasse uma terceira vez, e ela tivesse que escolher entre um tratamento longo e debilitante com um resultado incerto ou simplesmente viver a vida à sua maneira todo o tempo que fosse possível, sabendo que algo estava acontecendo em seu corpo, qual seria sua escolha? Sem hesitação, ela disse que escolheria a segunda alternativa. Com um sorriso pensativo, explicou-me que o novo sentido da vida que lhe fora dado quando ela conheceu a Amma e se mudou para a Índia, era tudo. Ela amava tanto a Deus e queria servir à sua guru e aos demais durante o tempo que pudesse. Ela achava que não conseguiria sobreviver ao terceiro retorno do câncer. Não queria arruinar nenhum tempo que ainda pudesse ter com a Amma com tratamentos longos e exaustivos e muito incapacitantes. Ela não queria estar nesse estado quando fosse se despedir da Amma.

Após nossa conversa, tive que me perguntar se teria aquele tipo de dedicação e clareza.

VIDA NO ASHRAM NA DÉCADA DE 90

As primeiras famílias ocidentais haviam se mudado para o *ashram*, e era uma delícia ver as crianças correndo e brincando com a Amma sempre que podiam. Havia Priya e Krishna Unni, de Los Angeles; Sarada e Manju, do Canadá; Gopi, Sudha e Gemma, de Seattle; Aparna e Manohari, do Novo México; Santosh, da Áustria; e Sridevi e Anandi, da Alemanha. Essas famílias foram pioneiras, dando um jeito de criar seus filhos, fazer seu serviço abnegado e dedicar suas vidas à espiritualidade, tudo dentro do ambiente de um monastério. A infância dessas crianças era extraordinariamente abençoada, pois cresciam na divina presença da Amma.

Assim, abriu-se um escritório para os ocidentais, para receber e acomodar o fluxo constante de visitantes internacionais. Pediram-me que ajudasse e fizesse as sessões de orientações aos estrangeiros. Foi aberta uma cantina com comida ocidental, e chegavam devotos de todo o mundo que a deixavam lotada! O Bazar Ram, que é um mercadinho e uma loja de segunda-mão, foi criado para recolher fundos para o orfanato. Naquela época, pessoas de todas as partes do mundo optaram por se tornar residentes permanentes e trouxeram entusiasmo com sua avidez por aprender sobre a vida espiritual.

A Amma é a guru mais acessível do mundo e responde a cada pessoa com uma instrução específica sobre como avançar na vida espiritual. Essa prática continua até hoje. Ela passa inúmeras horas no salão de *darshan* dando abraços e conselhos, ou junto ao Mar Arábico meditando e realizando *satsangs*. Ela nunca se distancia da comunidade espiritual que se formou ao seu redor. Ela é a componente essencial da comunidade, sempre no meio da colmeia dirigindo as atividades do *ashram*, realizando importantes reuniões e discussões ao ar livre, para que todos vejam e ouçam. Qualquer pessoa pode se aproximar da Amma para receber um abraço e demorar-se perto dela o tempo que for necessário para serenar sua alma. Qualquer pessoa pode fazer uma pergunta diretamente à Amma, ou contar-lhe seus problemas. Não há uma secretária particular que atue como intermediária entre os devotos e a Amma. Como é animador saber que, em algum lugar do mundo, ainda se pode encontrar pureza e amor incondicional!

NOVA PARTIDA

A Amma me incluía em todas as turnês na Índia e no exterior. Ela até me pediu para que operasse o sistema de som na turnê das Ilhas Mauricio e Reunião na primavera de 1994. O problema era que eu não conseguia recuperar meu entusiasmo anterior com relação à meta. Eu tinha que recriar meu mundo com a Amma e não estava indo bem devido aos meus apegos ao passado.

As expectativas inconscientes que eu tinha quando retomei minha vida com a Amma na Índia não estavam sendo atendidas, mas como poderiam? O acesso à Amma que eu havia desfrutado nos primeiros tempos estava bloqueado. A coordenação do *seva* era meu pretexto para não seguir um horário rigoroso de *sadhana*. Comecei a me comparar com os outros e a sentir que eu era sincera, e eles, hipócritas. Minha introspecção havia se tornado superficial, não era incisiva. Comecei a nadar em uma corrente muito perigosa.

Essa é a natureza das expectativas, da pretensa superioridade moral e do julgar; são um preâmbulo à insatisfação. Levei vários anos até conseguir admitir para mim mesma aquilo que no final eu teria que enfrentar: eu não amava mais o *sadhana*, tudo me parecia monótono e deprimente. Eu me sentia profundamente decepcionada comigo mesma, porque minha inspiração para seguir o caminho havia secado.

Em todo lugar ao meu redor havia exemplos de dedicação e altruísmo, mas eu sentia que minha vida era uma casca vazia do que havia sido antes. Todas as promessas e a intensidade de meus primeiros anos com a Amma haviam se evaporado. O desalento e a inquietude continuaram aumentando. As pessoas começaram a me irritar novamente, eu me sentava longe de quem eu poderia facilmente ter me aproximado para um *satsang*. Internamente, eu estava à deriva novamente, mas me mantinha ocupada com o *seva*, ignorando os sinais de alerta e cada vez mais distante da Amma. Perigo, perigo, perigo em tudo ao meu redor.

Uma das maiores armadilhas em nosso caminho espiritual aparece quando deixamos que nossa mente comece a culpar os outros. Quando permitimos que nossa atenção se distancie da meta e volte-se para algo negativo que outra pessoa esteja fazendo, estamos perdidos. Esse mau hábito é a antítese da vida espiritual. É como ingerir uma pequena dose de veneno todos os dias até que ele se acumule e nos leve a perecer.

Por que culpar o professor pela falta de empenho do estudante? Em primeiro lugar, por que o guru foi escolhido? Porque nos sentíamos confiantes em sua capacidade para nos guiar e porque queríamos ser guiados. Como o estudante, era minha responsabilidade me aproximar da Amma e falar-lhe de minhas dúvidas, mas novamente fui covarde. Em 1996, preparei minha mala e parti, desta vez, para sempre.

CAPÍTULO 11

Nunca é tarde demais

DANDO SENTIDO À PARTIDA

A mente é uma coisa engraçada. No final, não há lógica que possa explicar bem por que ela nos leva a algum lugar diferente daquele para o qual nós pensávamos que estávamos indo. Não existe uma explicação adequada e simples do motivo pelo qual deixei a Amma. Foi o acúmulo de muitas coisas que deram errado. Quando perdemos nossa concentração e serenidade mental, qualquer coisa é possível. Ainda tentando entender minha partida da primeira vez, como poderia encontrar o sentido em deixar a Amma duas vezes?

Chame de carma, egoísmo, a poderosa ilusão de *maya* ou o campo sangrento de Kurukshetra, onde o Senhor Krishna cantou a Bhagavad Gita para Arjuna. É muito difícil se libertar da areia movediça da negatividade.

Quando penso sobre isso depois de todos esses anos, me vem à mente a imagem de um átomo. No centro do átomo está o núcleo. Os elétrons estão organizados em diferentes camadas ou órbitas concêntricas rodando em torno do núcleo. Se a Amma fosse o núcleo, entre 1983 e 1990, eu seria um dos elétrons girando na menor órbita da camada mais próxima do núcleo. Para que o elétron orbite nessa camada, há uma tremenda energia de atração exercida sobre ele. Imagine agora que o elétron comece a oscilar, ou que haja uma ligeira variação em sua órbita. Seria só uma questão de tempo até que fosse "expelido", incapaz de manter estável seu curso ao redor do núcleo. Ele giraria então em direção a uma camada orbital mais distante, ainda circulando em torno do núcleo, mas com menos energia de atração e a uma velocidade menor. Suponha que o elétron tivesse o desejo de pular órbitas para voltar à camada mais próxima do núcleo: seria necessária uma enorme quantidade de energia para dar o "salto" de retorno.

Da mesma forma, é preciso menos energia para causar a fissão, a divisão de um átomo, do que para causar a fusão, a unificação dele. Usamos muito menos energia para nos separarmos do que para resolver as situações e permanecermos juntos.

E assim aconteceu comigo. Durante o período de 1990 a 1996 eu havia estado em uma órbita próxima à Amma, mas minhas tendências negativas causaram uma dissonância em meu caminho, e eu me projetei para fora, para as regiões periféricas das camadas orbitais exteriores, onde o núcleo exerce um efeito menor no elétron errante. Embora eu tivesse tentado pular de volta para minha posição de órbita próxima ao voltar ao *ashram* entre os anos de 1993 e 1996, meu esforço acabou sendo mal direcionado. Eu estava impondo demasiadas condições a minha vida espiritual, e não via que cabia a mim me entregar ao que a vida espiritual queria me mostrar, não o contrário.

Embora eu tivesse conseguido me aproximar um pouco da órbita mais próxima do núcleo, não foi preciso muito para que eu me desalojasse uma segunda vez para uma órbita exterior, quando a vibração discordante recomeçou, parando ainda mais distante do núcleo do que da primeira vez. Naquela distância, os elétrons podiam ser extraídos do átomo original que eles integravam e ser atraídos por outro núcleo que pudesse estar nas proximidades, exercendo força de atração para capturar elétrons para sua própria órbita. É quase impossível para o elétron chegar a ter a oportunidade de voltar à sua localização original na estrutura atômica. A energia necessária para "pular" na direção do núcleo é incomensurável. Chamemos apenas "graça" a essa quantidade extremamente grande de energia.

Nos anos 90, ao retornar para a Amma após minha primeira partida, coloquei minha própria lista de condições para o caminho espiritual – deveria ser desta e daquela forma, da maneira como havia sido em meus primeiros dias, eu deveria poder estar com a Amma sempre que quisesse, com base na minha proximidade anterior. Mas a vida não funciona assim. Quando esses desejos não foram realizados, quando essas condições não foram atendidas, eu desmoronei. Realmente me esforcei para retomar a vida espiritual, mas não era o "esforço correto", tomando emprestada a frase dos budistas. Eu havia tentado adequar o caminho ao meu conceito limitado do que tinha que ser, em vez de renunciar às minhas ideias e deixar que o caminho espiritual me refizesse.

É como ir a uma loja de vestidos com uma ideia do visual que você quer e não caber em nenhum dos vestidos porque você está acima do peso. E então, num ataque de raiva, você deixa a loja porque as roupas não serviram. Eu me justificava dizendo que eu havia me esforçado, mas não admitia para mim mesma que não havia sido o esforço correto.

Minha primeira partida deveu-se, em grande parte, à minha falta de equilíbrio no caminho por causa da atitude mental negativa em que caí; quando deixei a Amma pela segunda vez, foi porque o caminho espiritual não havia atendido às minhas expectativas. Eu estava desistindo do caminho em si, e eu tinha a impressão de que realmente era para sempre. Eu havia feito uma escolha consciente de me contentar com menos.

Deixei de me ver como uma buscadora; o amor pela meta havia secado, e a vida espiritual havia se tornado mecânica. Hoje, ao escrever estas linhas, aquelas coisas me parecem insignificantes; poderiam ter sido facilmente contornadas, mas eu as deixara fermentar. É o nosso ego que causa um estrago tão grande em

nosso caminho espiritual; primeiro, a ruptura da relação entre o guru e o discípulo; depois, a ruptura do vínculo entre o aspirante e o caminho. O ego dá-se conta do risco de sua própria sublimação e rapidamente interfere para salvar sua pele! Aquelas coisas que começaram insignificantes tornaram-se enormes obstáculos, porque eu as subestimei e não tive o cuidado de me ocupar delas logo no início. Quando se trilha o caminho espiritual, qualquer pequeno desvio deve ser corrigido imediatamente. A Amma se refere constantemente ao empresário que verifica suas contas a cada noite para ver seu lucro ou prejuízo; os aspirantes espirituais precisam fazer o mesmo e não considerar o dia como terminado antes de fazer essa verificação. Caso contrário, será muito difícil continuar no caminho na presença do guru e permanecer em órbita. Precisamos nutrir nosso amor pela meta a todo custo e manter-nos cuidadosamente atentos (*shraddha*) aos nossos progressos diários no caminho.

Alguns talvez se perguntem: Se a Amma é onisciente e onipotente, por que ela não a salvou? Mas a beleza da maneira de ensinar da Amma é que ela não força nada. Ela já disse várias vezes: "Quando a flor estiver pronta para desabrochar, ela desabrochará". Você não pode abrir um botão de rosa à força para desfrutar de uma flor bela e perfumada. Uma das primeiras qualidades que um buscador deve ter é paciência. Só aprendemos sobre paciência com um professor paciente, da mesma forma que uma mãe carinhosa cria seu filho amado. Deste modo, a Amma tem a paciência de um oceano e permite que cada buscador progrida no ritmo que ele mesmo escolhe. É um dos maiores testemunhos do método de ensino da Amma.

Assim, lá estava eu, sozinha. De 1983, quando cheguei à Amma pela primeira vez, até minha segunda partida em 1996, o meu "plano de carreira" era a busca espiritual. Agora, eu havia retirado meus ovos dessa cesta para colocá-los na cesta do mundo.

227

Mesmo naquela época, eu sabia que nada poderia chegar nem perto do que eu havia experimentado com a Amma naqueles 14 anos, mas talvez meu problema fosse que eu simplesmente teria que aprender a me conformar com menos. Se eu baixasse meu nível de expectativa, talvez eu conseguisse a duras penas ter um pouco da felicidade transitória do mundo, em vez de colocar o nível de expectativa tão alto que constantemente eu não conseguia alcançar.

Depois de haver dado mais quatro anos de esforços à vida espiritual, eu havia sido totalmente derrotada. Eu havia tentado e falhado. Talvez algum dia eu conseguisse encontrar o sentido de tudo isso, mas, por hora, eu tentava não ser dura demais comigo mesma; não havia sentido em bater em um cavalo morto. Eu tentaria recuperar algum vestígio de minha vida no Ocidente, desta vez sem morrer na tentativa. Retornei ao Novo México.

Decidi voltar a estudar e escolhi medicina. Todo meu curso de ciências da Universidade da Califórnia, em Berkeley já estava totalmente obsoleto. Então, comecei a fazer um programa de estudos preparatórios na faculdade comunitária local, só para ver se eu ainda tinha capacidade. Além disso, também me matriculei em um curso de paramedicina, já que eu teria que trabalhar para financiar os estudos, e esse curso me pareceu uma escolha óbvia de carreira provisória, pois eu ia me dedicar à medicina. Eu me saí bem em todas as disciplinas e recebi o título de Técnica em Medicina de Emergência (EMT). Também me tornei assistente do professor no departamento de ciências da vida da Universidade do Novo México. Dessa forma, dois anos se passaram.

A CASA DE MINHA AVÓ

Minha avó havia ficado doente na Pensilvânia, e eu fui para lá durante minhas férias de verão para cuidar dela. Ela acaba-ra de fazer 92 anos, e era muito agradável estar ao lado dela.

228

Recentemente ela havia sido diagnosticada com Alzheimer, mas estava pouco afetada pela doença. Acabamos conversando sobre o passado, o que me trouxe recordações de minha infância difícil. Mas estava tudo bem agora, eu estava curada daquele trauma, curada pela Amma.

A Amma. A doçura daquele nome... Por que a vida espiritual tinha que ser tão confusa! Sim, lá no fundo, eu sentia falta dela. Eu a amava ainda, tanto que naquela noite chorei muito por ela, pela primeira vez em muito tempo. Eu havia tirado a Amma da minha vida, queimado aquela ponte, não era mais uma buscadora espiritual. Já tinha estado lá, já tinha passado por isso. Era apenas uma pessoa comum se virando, sem rumo – ansiando por um abraço.

Aproximava-se o final de semana de 4 de julho, e me dei conta de que a Amma estaria em algum lugar por perto, talvez Chicago, ou até mesmo Washington DC. Seriam apenas quatro horas de viagem! Na manhã seguinte, fiquei quebrando a cabeça: como eu poderia descobrir qual seria o roteiro da turnê da Amma? Ora, procurando uma cópia do *Yoga Journal* na loja de conveniências, é claro! Desde 1987, sempre comprávamos um anúncio na *Yoga Journal* e, com certeza, ali estava ele. O calendário da turnê americana de 1998. E o programa da Amma em Washington DC seria realizado no final de semana de 4 de julho. Que coincidência!

WASHINGTON DC

Sem dar nenhuma chance à minha mente para resistir, consegui alguém para cuidar de minha avó, arrumei minha mala e pulei na minha caminhonete para dirigir até o sul. Foi algo tão espontâneo; minha alma estava pisando forte para ir ver a Amma, e o ego perdeu essa partida. Desta vez foi mais fácil entrar no salão. Eu já havia feito isso antes; mas tive que colocar de lado muita vergonha e remorso – um pequeno preço a ser pago, levando em conta minha atitude de realeza.

Desta vez, parece que ninguém me notou. Não foi como quando fui ver a Amma em Berkeley, um retorno à casa demasiado efusivo. Não, dessa vez, foi muito discreto. Fiquei na fila para o *darshan* e esperei minha vez como todos os outros. Conforme eu chegava mais perto, a notícia que "Kusuma está aqui e está indo para o *darshan* da Amma" se espalhava, pois eu podia ver rostos familiares surgindo em torno.

Mantive meus olhos na Amma até ela olhar para mim. Ela sorriu afetuosamente, seu rosto brilhou com amor, e me acolheu em seus braços.

– Kusumam, Kusumam, *ponnumol*, querida filha, querida filha...

Houve lágrimas novamente, de ambos os lados, e a Amma me segurou, balançando de um lado para outro, sem me soltar. Veio-me à mente uma canção, e cantei suavemente o verso no ouvido da Amma:

> *Kannunir kondu nin padam kazhukam,*
> *Katyayani ni kaivitalle...*
>
> Com minhas lágrimas lavarei Teus pés,
> Ó Deusa Katyayani, mas, por favor, não me abandones...

A Amma fez com que eu me sentasse ao seu lado por um momento, e conversamos. Ela queria saber como eu estava e o que eu estava fazendo. Sim, faculdade de medicina, muito bom. Tomando conta da avó, sim, muito bom. Não havia nenhum sinal de julgamento por parte dela, mas dessa vez o ambiente estava diferente, e embora eu sentisse que a energia da Amma era a mesma, eu havia passado do limite com minha segunda partida. Por alguns momentos, senti-me em silenciosa contemplação; em seguida, a Amma pediu que eu fosse fazer minha refeição e voltou novamente sua atenção para a fila de *darshan*.

Eu também pude encontrar Suniti. Aparentemente, ela havia recebido a iniciação formal, porque vestia roupas amarelas. Senti tanta alegria no coração ao vê-la se aproximar cruzando o salão com outros amigos! Ela estava radiante e em paz, ela era *Brahma-charini* Nirmalamrita. Andamos juntas até o refeitório, e percebi que ela havia perdido bastante peso. Uma lembrança de anos passados cruzou minha mente; algo que me deixou com uma sensação de desconforto. Recebemos nossa refeição e encontramos um lugar tranquilo para conversar. Eu a congratulei de coração por sua iniciação formal e acrescentei que fiquei muito feliz por ver o quanto ela estava apreciando a vida e crescendo espiritualmente. Seus olhos brilhavam e, agora que estávamos sentadas, eu realmente podia sentir como havia crescido a paz de sua presença.

Ela considerou que a faculdade de medicina foi uma ótima escolha. O Novo México era um bom lugar para mim também. Ela sabia que eu estava morando lá, mas não disse nada. Não havia nenhum sinal de julgamento por parte dela tampouco, ela estava genuinamente feliz por me ver. Eu senti a abertura e perguntei sobre sua saúde. Sim, ela estava bem. Disse que estava cansada, pois supervisionar as inscrições para os retiros dava muito trabalho. A turnê era cansativa, é verdade; mas ela desviou o olhar quando perguntei se ela estava fazendo os *checkups* anuais:

– Não exatamente.

Deixei por isso mesmo.

Eu sabia que ela tinha muito trabalho a fazer naquela noite, então me despedi. Havia mil coisas a serem compartilhadas, mas aquele não era o momento. Mais amigos antigos haviam me visto e se aproximavam para me cumprimentar, então nos demos um rápido abraço, trocamos um olhar cúmplice e nos separamos.

Senti que me faltava o ar, mas ela já havia ido. Pareceu-me ver algo, o que era? Talvez não fosse nada, apenas minha imaginação.

Todos os *swamis* encontraram tempo para se aproximar, me cumprimentar e perguntar sobre minha saúde, meus planos, minha família. A forma como falavam era afetuosa e sincera; sua amabilidade tocou meu coração. Como deve ter-lhes doído me ver deixar a Amma pela segunda vez. Depois de todas as dificuldades e provas pelas quais havíamos passado juntos, creio que eles estavam realmente felizes por me ver e saber que eu estava bem. Eles ainda eram meus irmãos espirituais e não me dariam as costas nem me julgariam com severidade. Isso ficou evidente.

Eu me despedi apropriadamente da Amma e voltei para a Pensilvânia. Por algum motivo, eu não suportaria assistir ao *Devi Bhava*. Já tinha o suficiente para digerir depois de rever a Amma e reencontrar minha vida anterior em circunstâncias tão diferentes.

TESTANDO, TESTANDO, UM DOIS, UM DOIS

Comecei a estudar seriamente para o exame MCAT [*Medical College Admission Test* – Exame de ingresso na faculdade de medicina]. Levaria mais ou menos um ano para estar plenamente preparada. *Um ano*, pensei, eu havia feito muitas coisas "em um ano". Mas deixar que minha mente passeasse pelo passado não me ajudaria a manter o foco. Portanto, não deixei. Latim, fisiologia, anatomia, química, biologia – minha cabeça estava dando voltas...

O MÊS DE MAIO

Era um mês importante. Em primeiro lugar, eu tinha os exames finais do curso preparatório de medicina e, em seguida, o MCTA no final do mês. Se eu me saísse bem, poderia começar a me inscrever em faculdades de medicina no final do verão. Eu havia começado a cantar meu mantra novamente, na realidade desde Washington DC, mas, sobretudo ultimamente. Ele me dava muita paz e concentração. Não que eu sentisse que merecia, mas essa questão era uma bagagem diferente que precisava ser desfeita. E então o telefone tocou.

Era Hari Sudha ligando de Berkeley. Suniti – Nirmalamrita – voltara da Índia. Mas não eram boas notícias. Ela havia adoecido muito e queria me ver. Por isso Hari estava me chamando. Eu poderia ir imediatamente? Eu estava tentando compreender a urgência do momento. Quero dizer, eu estava no Novo México, e os exames começariam na semana seguinte, e então, e então... Eu sabia. Eu sabia por que ela estava me chamando.

Sim, Hari, é claro que eu vou. Por favor, diga a Suniti que estou desligando o telefone e me organizando para ir. Desliguei e comecei a tomar as providências. Era isso. Ela havia feito um trato, sobre o qual falamos alguns anos antes, e agora ela estava para morrer. Foi isso que eu havia visto no ano anterior, mas não consegui acabar de captar. Joguei algumas roupas na mochila e dirigi até o campus para falar com meu professor de química. Eu conhecia Suniti e sabia que não tinha muito tempo.

Química seria meu primeiro exame. O professor estava em seu escritório. Ao me ver, percebeu que algo estava bastante mal e interrompeu o que estava fazendo.

– Sim, sim, entre. O que é, Gretchen? O que é?

Eu disse que não poderia fazer o exame, pois minha melhor amiga estava hospitalizada na Califórnia.

– Oh, parece muito grave. Sim, sim, claro que você deve ir... Espere, só um minuto, deixe-me ver suas notas. Hummm, bem, você está entre as primeiras da classe. Veja, parece que isso é realmente algo que precisa fazer. Você está dispensada do exame. Não se preocupe; suas notas até agora serão suficientes. Espero que sua amiga esteja bem.

À medida que eu caminhava até o estacionamento sentia meus joelhos tremerem.

Era uma viagem de duas horas até o aeroporto de Albuquerque; meu voo aterrissou em Oakland no começo da tarde. Hari Sudha me pegou no aeroporto e me contou o que estava acontecendo – um câncer em estado avançado. Ela havia acabado de chegar da Índia para se tratar na Bay Area. O médico que havia salvado sua vida duas vezes estava com ela. Mas eu tinha consciência que Nirmalamrita não havia feito o *checkup* anual por não sei quantos anos. No ano anterior, em Washington, ela não me havia dito quantos. O coração me dizia que ela sabia que o câncer havia voltado e que ela havia escolhido a segunda alternativa.

Quando cheguei ao CTI na manhã seguinte, Nirmalamrita estava visivelmente doente, muito doente, mas irradiava uma paz que eu somente havia visto na Amma. O câncer havia se espalhado por toda parte. Não havia jeito de uma pessoa experiente como Nirmalamrita, que sobrevivera ao câncer duas vezes, não saber que a doença estava se espalhando já há muito tempo. Nós nos olhamos nos olhos enquanto eu segurava sua mão. Ela sorriu para mim com tanta doçura... Não havíamos nos visto há mais de um ano; ela estava calma e lúcida. Seus olhos penetravam nos meus com pequenos pontos brancos de luz. De novo, os olhos da Amma. Em voz baixa, perguntei se ela sabia. Ela assentiu com a cabeça. Ela seguira o trato sobre o qual havíamos conversado tantos anos atrás? Sim, ela respondeu debilmente, e apertou minha mão. Nenhuma necessidade de desperdiçar dinheiro, eu quero estar aqui com a Amma quando ela vier, esse era meu plano... Eu a interrompi e pedi que poupasse suas energias para que pudesse ver a Amma em algumas semanas. Essas coisas que você está me contando, eu já sei.

Então, ela foi direto ao assunto. Perguntou-me porque eu havia deixado a Amma. Tinha sido por minha saúde? Não, disse eu, eu havia perdido o ânimo, havia parado de acreditar em mim mesma. Eu havia permitido que minha negatividade acabasse comigo. Algum dia eu voltaria? Para sempre, não apenas para uma visita? Fiquei sufocada, não conseguia responder. Ela me disse que esse seria um de seus derradeiros desejos.

A hora de visita havia terminado, era o momento de partir.

Na manhã seguinte, voltei ao hospital. Ninguém tinha permissão para entrar no CTI para ver Nirmalamrita a não ser a família imediata. Como me consideravam "família", o acesso foi permitido. Quando eu estava a ponto de passar pela barreira de esterilização para entrar na sala, notei uma das melhores amigas de Nirmalamrita, Sabari, também uma sobrevivente do câncer, tentando atrair minha atenção. Fui até ela e pude ver sua angústia. Não permitiram que ela entrasse, mas ela queria despedir-se de Nirmalamrita; era muito importante. Eu poderia ajudá-la de alguma forma? Pensei por um momento e disse a ela que cederia meu tempo e que distrairia as enfermeiras. Dessa forma, Sabari e Suniti puderam se ver uma última vez.

Naquela noite, Nirmalamrita sofreu um ataque do coração e entrou em coma. Ela saiu do coma a tempo de receber uma chamada telefônica da Amma e deixou esse mundo menos de uma semana depois. Quando perguntaram à Amma sobre a morte de Nirmalamrita, ela disse que Nirmalamrita havia se fundido ao coração da Amma e havia atingido a realização em Deus.

Brahmacharini Nirmalamrita havia conseguido seu tempo com a Amma, sem estar degradada pela quimioterapia e servindo como coordenadora de todos os retiros espirituais da Amma no estrangeiro até poucas semanas antes de morrer. Ela desfrutou de dez anos de serviço vivendo com a Amma como renunciante, na Índia. Nada mal para uma pessoa que sofreu de câncer três vezes. Por anos ela sabia que o câncer a levaria deste mundo, mas foi em seus próprios termos, ela não permitiria que fosse de nenhuma outra forma.

A citação predileta da Amma para Nirmalamrita era que um buscador espiritual precisa ter a mesma intensidade na vida espiritual que uma pessoa presa em uma casa em chamas teria para escapar. Nas margens de seus livros de sânscrito, durante a aula, ela sempre desenhava chamas. Eu desenhava flores de lótus e deusas dançando. Ela foi uma das raras pessoas que viveu ao máximo os ensinamentos da Amma, e todos os que a conheceram ficaram melhores por haverem desfrutado de sua companhia.

JUNHO INQUIETO

Bem, aquilo provocou uma mudança em meu estado de ânimo. Voltei para o Novo México e fiz minhas provas, mas me senti desmotivada em relação ao MCAT. Eu poderia fazê-los no mês seguinte e não sair demais da minha agenda. De qualquer forma, eu teria que recuperar o foco nos estudos, e isso não iria acontecer naquele momento. Procurei as respostas em minha alma. A Amma estaria em Santa Fé em junho, e eu estava ansiosa para vê-la.

O programa da Amma acontecia na área florestal de Santa Fé, em um templo construído para ela por Steve e Amrita Priya Schmidt em sua propriedade. Não poderia ser um lugar mais lindo para reencontrar a Amma, com os aromáticos pinheiros crescendo em torno do templo cheio de lembranças e o céu estrelado do Novo México. Fui ao programa de *bhajans* do final da tarde. Foi maravilhoso ouvir novamente a Amma cantando. Depois do *arati*, saí para olhar as estrelas e senti minha inspiração crescendo. Dei a volta por trás do templo e entrei discretamente no palco. A Amma estava sentada abaixo, na frente do palco elevado, dando *darshan*. Uma amiga querida, Swarna Iyer, estava tocando o harmônio. Chamei a atenção dela, inclinei-me e lhe pedi permissão para oferecer uma canção. Acho que ela ficou surpresa por duas razões: porque eu era a última pessoa que ela esperava ver e porque eu nunca cantava. Mas ela concordou e me perguntou qual canção.

– "Iswari Jagad Iswari".

E assim, cantei para a Amma pela primeira vez desde aquela outra noite estrelada, quando eu cantara a mesma música no momento em que ela saiu do *Kalari* para dar uma volta, tantos anos atrás. Quando cantei o primeiro verso, a Amma se virou em seu assento para me olhar, mas não com surpresa. Ela já sabia quem estava cantando:

Iswari jagadiswari paripalaki karunakari
Sasvata mukti dayaki mama khedamokke ozhikkanne...

Ó Deusa, Deusa do Universo,
Ó Preservadora, Doadora da graça e da liberação eterna,
Por favor, livra-me de todo o meu pesar...

Fui receber o *darshan* da Amma. Agora o sentimento que havia entre nós era muito calmo. Uma tranquilidade poderosa me envolveu. Algo havia se ajustado. Eu não sabia o que era, mas isso não importava. Sentei-me perto da Amma por um longo tempo e desfrutei do ambiente de devoção. Depois, chegou a hora de ir embora; regressei pela noite escura e estrelada.

ESTAGNAÇÃO

Os exames de verão do MCAT chegaram e passaram. Eu estava deprimida e me perguntava o que eu estava fazendo. Para mim, o relacionamento de Nirmalamrita com a Amma era deslumbrante. Quantas pessoas haviam vindo até a Amma e aproveitado tanto o próprio tempo? Como eu pude ter deixado esse relacionamento completamente de lado, quando minha vida com a Amma havia sido sempre tão promissora? A Amma era uma Mestre Realizada; eu não tinha dúvida disso. Foi a falta de confiança em mim mesma que me engoliu. Não era por não acreditar no caminho espiritual ou na Amma. Faltou-me convicção quando eu estava tentando praticar, enquanto vivia na presença da Amma. Eu simplesmente havia desistido.

Tendo feito essa escolha, como encontraria paz vivendo no mundo? Essa era a pergunta que eu vivia repetindo em minha mente. Tendo passado mais de dois anos em preparação para cursar a faculdade de medicina, seria essa afinal a escolha certa? Porque, se não fosse, seria melhor decidir isso o quanto antes.

Uma tarde, folheando a lista telefônica das Páginas Amarelas, um anúncio chamou minha atenção. "Consiga seu diploma de Mestrado na Faculdade St. John de Santa Fé". Na área de Clássicos Orientais. Humm, interessante. Assim, telefonei para ter mais informações. Era um programa intensivo de um ano. O idioma era chinês ou sânscrito, e a maior parte do curso consistia em estudar as escrituras originais do hinduísmo, do budismo e do taoísmo. Fui até lá para uma entrevista e fui aceita no programa. O curso começaria em uma semana. Senti que era uma escolha sincera, tirar um tempo para ler os grandes livros do Oriente e meditar sobre as coisas durante um ano. Como essa escolha poderia não ser útil a essa altura?

Uma coisa leva à outra. Eu tinha que responder à minha dúvida persistente sobre o que fazer com minha vida, agora que eu havia deixado a Amma. Primeiro eu havia tomado uma direção: faculdade de medicina; depois perdi o ânimo e segui uma direção mais familiar, a espiritualidade. O que havia de errado comigo? Por que eu não conseguia ficar satisfeita com o que a vida oferecia e parar por aí? Por que esse espírito tão inquieto?

Uma coisa leva à outra. No processo de conseguir meu título de mestrado, conheci meu marido. Ambos pensávamos que queríamos ter filhos. Fiquei grávida em nossa noite de núpcias. Enquanto nossa filha nascia, coloquei para tocar no CD "Ananta Srishti Vahini". Quando lavamos a cabeça dela pela primeira vez no hospital, com a enfermeira, recitei mantras védicos. Sem contarmos um para o outro, meu marido e eu escolhemos um nome para o bebê. Ambos escolhemos "Mirabai". Meu marido não compartilhava minhas extravagâncias espirituais, mas as aceitava. *Talvez isso mude*, pensava comigo mesma. Levei Mirabai para a Amma abençoar.

O que a Amma poderia dizer? Ela sempre nos ama, não importa o que aconteça. Mas foi difícil atravessar a porta depois de ter escolhido uma opção tão obviamente diferente. Eu tinha partido e feito o que queria, e isso expressava uma declaração de quem eu era, mais do que qualquer coisa que a Amma tivesse feito. Agora eu era uma devota, um relacionamento nobre, talvez mais adequado para mim, amar a Amma à distância. Mas por que minha alma não estava satisfeita? Por que eu não podia apenas relaxar e usufruir a viagem que a vida havia me oferecido?

2007 – NUNCA É TARDE DEMAIS

Tudo aconteceu com muita rapidez naquele ano. Minha mãe havia sido diagnosticada de câncer no ano anterior e estava tendo dificuldades com o tratamento. Meu pai foi diagnosticado com câncer em abril e morreu de repente em Boston, poucas semanas depois, antes que eu chegasse a vê-lo para me despedir. Meu período de 19 anos de Saturno terminou. Meu casamento estava terminando. E eu voltei para Amritapuri. Com minha filha. A desculpa da viagem era para que a Amma abençoasse as cinzas do meu pai, mas, para ser sincera, eu já estava farta.

Finalmente, via a luz. Na realidade era muito simples, mas eu havia passado anos sem compreender. A Amma estava aqui no nosso meio, e minha alma inquieta ansiava pela jornada espiritual que ela oferecia. Amor pelo próprio amor, devoção porque era a emoção mais elevada, aquela que rompia todas as minhas barreiras autoimpostas. Finalmente eu estava madura o suficiente para ver que fui eu que me afastei, e era eu que poderia me libertar. E que nunca era tarde demais para voltar e tentar de novo.

Desta vez, eu voltei pela alegria do retorno. Eu voltei pela doçura do amor, do amor divino, que eu nunca havia encontrado em nenhum lugar do mundo, em todas as minhas andanças. Todos aqueles anos longe da Amma em um mundo que oferecia apenas uma promessa vazia – somente a morte inevitável e a ilusão, o ganho e a perda material, o egoísmo e o desejo. Eu voltei por causa do significado mais profundo, mais verdadeiro que a vida espiritual oferece. E voltei para satisfazer o desejo de uma irmã que estava morrendo. Voltei para provar a mim mesma que eu tinha a coragem de encarar o que eu sabia que tinha que ser feito, para colocar as coisas em seus lugares novamente. Para ficar diante da Amma e da comunidade e contar-lhes sobre a minha jornada na escuridão e de como encontrei meu caminho de volta. E para criar minha filha na magnífica presença da Amma, sabendo que este é o melhor presente que uma mãe pode dar a seu filho. Todos as minhas diferenças mesquinhas não tinham importância, era o momento de desfrutar da presença da Amma e servir o melhor que eu pudesse. Sem angústia, sem expectativa de alcançar nada. Apenas pela pura alegria de estar na presença de Deus e de ser testemunha dessa presença. Estar aqui com minha linda e inspiradora comunidade e servir com todo o coração. A Amma colocou o sorriso de volta em meu rosto. Nunca é tarde demais.

A jornada continua

No momento em que escrevo, já se passaram cinco anos desde que passei a morar no *ashram* da Amma de Amritapuri com minha filha, Mirabai. Cinco anos maravilhosos, que competem e superam a indescritível doçura dos meus primeiros anos com a Amma.

A vitória do retorno é muito mais doce por causa do esforço que tive que fazer que superar um processo extremamente difícil. Às vezes, precisamos suportar enormes dificuldades no caminho espiritual. No meu caso, foi exatamente aquela superação que me trouxe a profunda alegria que experimento hoje. Como posso lamentar essa jornada? Se tivesse a oportunidade, faria diferente? É claro. Mas o lamentável seria se eu nunca tivesse voltado à Amma. O que importa não é a queda, e sim levantar-se e seguir em frente.

Eu aprendi a ver todas as situações como *prasad* (oferenda abençoada) da Amma e a não reagir nem rejeitar os tempos difíceis. Quando adequadamente digeridos, servem apenas para me impulsionar para frente espiritualmente. A Amma sempre nos lembra de que não há fracassos em nossas vidas; são degraus para a vitória final.

Agora estou mais madura e firme em minha vida espiritual, tendo sobrevivido à escuridão. Agora posso ver como meus primeiros anos com a Amma estabeleceram uma base sólida sobre a qual eu pude finalmente construir uma vida espiritual que me acompanhará até o fim. Aprender a acreditar em mim mesma foi essencial – isso foi o que me faltou em meus primeiros esforços no caminho espiritual. Porque agora eu sei, sem sombra de dúvida, que o que eu quero fazer com minha vida é servir a Deus nos outros. Ter minha filha ao meu lado é parte importante disso. A jovem que eu era, uma renunciante aos vinte anos, não está desconectada de quem eu sou hoje como mãe. Afinal, a Amma diz que o importante não é *sannyasa* (renúncia) externa, e sim *sannyasa* interna - superar nossos gostos e aversões, colocar os outros à frente de nós mesmos e viver com a compreensão de que tudo aquilo que consideramos nosso é um presente temporário de Deus e que algum dia nos deixará.

Minha vida atual é a continuação da jornada que iniciei em uma livraria em Copenhague há mais de três décadas. Ainda estou buscando a Mãe Divina em meu coração e sirvo a ela na forma viva a que chamamos de "Amma". Eu a sirvo para tornar o mundo um lugar melhor; este é o verdadeiro serviço ao guru. Nunca sabemos o que a vida trará para o nosso caminho, bom ou mau, não temos escolha. Nos primeiros anos com a Amma, nunca imaginei que todos esses obstáculos surgiriam em meu caminho. Mas a Amma nos ensina que o modo como escolhemos reagir às nossas dificuldades é que faz toda a diferença.

Quando viajei pelo mundo com esperança e preces, fazendo meu possível para levar a Amma para seus filhos, fui capaz de superar muitas provações e tribulações. Entretanto, frente ao inimigo interno da minha própria negatividade, eu não pude me impor tão facilmente. Ambas as circunstâncias apresentaram desafios, uma trouxe desafios externos e outra, internos. Eu tive que encontrar a abordagem certa para superar ambos, de modo a aprender aquilo que precisava ser trabalhado em mim nesta vida com a Amma. As escrituras mencionam que há três tipos de discípulos: aqueles que conseguem aprender quando se fala com eles; aqueles que conseguem aprender ao observar as experiências dos demais, e aqueles que aprendem através da experiência própria. Claramente eu pertenço ao terceiro grupo!

Eu vivenciei a verdade de que a Amma está sempre comigo, aconteça o que acontecer, e que ela nunca desiste de seus filhos. Aprendi em todos os níveis que realmente nunca é tarde demais. Estou vivendo a vida espiritual na presença divina da Amma novamente, mais feliz do que nunca, lado a lado com minha filha. A Amma está nos guiando a ambas e me mostrando que não há obstáculo grande o suficiente para deter a sempre vitoriosa Mãe Divina.

Gostaria de compartilhar uma última história. Quando Mirabai veio a Amritapuri pela primeira vez, ela tinha cinco anos de idade. Ela percebeu que as pessoas estavam recebendo mantras e quis saber o que era. Assim, expliquei a ideia básica de recitar um mantra, de como ele pode nos trazer paz e sabedoria, se o recitarmos cuidadosamente. Ela quis saber mais sobre a ideia de *ishta devata* (divindade amada) ao receber um mantra. Lembrem-se, tinha cinco anos! Assim, falei sobre as diferentes divindades: a Mãe Divina, a Mãe Divina como Amma, Senhor Krishna, Kali Mata, Buda, Jesus Cristo, Senhor Shiva etc. Quando mencionei Shiva, ela quis saber se ele era o deus que se veste com peles de animais. Respondi que sim e acrescentei também que ele monta o touro Nandi nas montanhas do Himalaia. Ela assentiu com a cabeça, em um gesto de apreciação e disse:

– Este é o que eu quero!

Uau, pensei comigo mesma, *aqui está alguém que sabe o que quer!* Será por acaso que ela é minha filha e tenha vindo à Amma tão cedo na vida, para crescer com a Amma, por causa do meu forte desejo de finalmente retornar a Amritapuri?

No dia seguinte, fomos ao *darshan* e ela pediu à Amma:

– Mantra, por favor! – e a Amma assentiu com a cabeça concordando, enquanto olhava atentamente para ela. Então, Mirabai inclinou-se como se fosse fazer uma confidência para a Amma, e eu a ouvi dizer:

243

– Mantra de Shiva – apenas para se assegurar de que a Amma sabia qual mantra dar a ela!

Bem, a Amma achou aquilo engraçado e ficou comentando com todos à sua volta o que Mirabai havia dito. Ficamos até o final do programa, e Mira pôde receber o mantra *diksha* naquela mesma noite. Senti-me tão abençoada por ser sua mãe! Pareceu-me que logo ela iniciaria sua jornada espiritual com a melhor guru que o mundo tem para oferecer.

Um ano depois, quando Mirabai estava com seis anos, estávamos esperando na fila do *darshan* e percebi que ela estava escrevendo um bilhete para entregar à Amma. Em certo momento ela sussurrou para mim:

– Mãe, como se soletra Amrita Vidyalayam?

Eu soletrei para ela e fiquei muito curiosa de saber o que a pequena Mira tinha em mente. Quando chegou nossa vez para o *darshan*, ela entregou seu bilhete para a Amma e a *brahmacharini* que estava ao lado da Amma o traduziu.

Amma abriu um grande sorriso e disse em inglês:

– Sim, Sim! Bom! Bom!

Por sua própria iniciativa, Mira havia perguntado se poderia frequentar a escola da Amma aqui na Índia. E lá fomos, com saia xadrez, meias soquete e tudo o mais! No princípio, sua adaptação foi realmente difícil, mas ela não desistiu. Agora Mira está no quarto ano da Escola Amrita Vidyalayam, da Amma, e está indo muito bem, apesar de todo o dever de casa ser em nada menos que três idiomas – malaiala, híndi e sânscrito! Sempre que se queixa que não quer ir à escola, eu lhe peço que vá ver a Amma e lhe diga pessoalmente, já que elas haviam decidido juntas esse plano.

Estar nesse caminho de amor com minha filha Mirabai é uma bênção maior do que qualquer coisa que eu tenha imaginado sobre a maternidade. Ela está crescendo forte, segura de si mesma e constantemente me mantém em estado de alerta e prontidão! Ela me ensina coisas que me custavam aprender com a Amma, tais como: paciência, autocontrole, empatia, serviço abnegado, amor incondicional, dar sem expectativas, não estar apegada ao fruto do trabalho, manter uma mente firme – todas essas qualidades são desenvolvidas diariamente através da maternidade. Não é que a Amma não ensine essas coisas. Ela tem sido constantemente um modelo dessas qualidades para mim, mas eu resistia a aprender. Para sobreviver à maternidade com uma filha determinada, não há alternativa senão desenvolver essas qualidades! A Amma é brilhante como Mãe para o mundo. Que lugar melhor do que Amritapuri para criar uma filha com valores espirituais? Os amigos que ela fez no *ashram* da Amma serão amigos para a vida toda. Eles brincam de pique-pega em volta da figueira-de-ben-gala em frente ao templo de Kali sempre que podem, e brincam de esconder até chegar a hora de vir correndo e sentar perto da Amma para os *bhajans*.

Finalmente, consigo vislumbrar uma profunda harmonia oculta em todas as voltas e reviravoltas de minha jornada. Demorei todos esses anos para aprender lições que outras pessoas talvez aprendam em um dia. Mas foi assim que minha história se des-dobrou, por mais equivocada que possa parecer. Tenho aprendido a não julgar. O que mais importa é que, quando seguro a mão da Amma, ela me mostra que sou eu quem traça meu próprio destino. A Amma me levará tão longe quanto eu estiver disposta a ir. Infalivelmente.

Sim, fui abençoada por ter sido um instrumento que levou a Amma ao mundo. Sim, fui abençoada por ter estado aqui no início e ter um treinamento espiritual intensivo com a Amma. Mas, tendo vivido aqui no passado e agora, posso afirmar sem hesitação que a mesma intensidade que existia então está aqui agora disponível. Nosso relacionamento com a Amma depende de nós, e isso permanece assim desde o dia em que a conheci.

Nós somos o fator limitador. O que determina a rapidez com que alcançaremos a meta é o que trazemos para a jornada.

AMRITAPURI HOJE

O fato de haver mais pessoas do que nunca no *ashram* não significa haver menos oportunidade para a Realização do Ser, ou que haja menos espiritualidade aqui do que havia nos primeiros dias. A Amma é uma Mestre iluminada e este é seu *ashram*. Sua graça continua fluindo da mesma maneira vibrante. Cabe a nós abrir nossos corações para a Amma. E quando o fazemos, a Amma vem correndo. Ela está aqui com a mesma capacidade infinita com que ela sempre tem estado, passando horas e horas de seu dia fazendo-nos companhia, guiando milhares e milhares de pessoas no caminho espiritual com uma facilidade isenta de esforço, tão fresca e cheia de risadas no final da noite como quando ela começou. Ela está constantemente entre nós: chega ao salão de *darshan* no meio da manhã e muitas vezes só retorna ao seu quarto altas horas da madrugada do dia seguinte. Em seguida, retorna poucas horas depois para o programa do dia seguinte e repete tudo de novo.

A Amma participa plenamente de cada aspecto da vida do *ashram*, guiando-nos com entusiasmo na meditação, no *satsang*, no *archana*, nos *bhajans* e no serviço abnegado. Em todos esses anos que acompanhei a Amma, não houve um único dia que ela tivesse tirado para si mesma. Não há nenhum outro Mestre espiritual que esteja mais disponível ou que ofereça mais de seu tempo e energia pessoal do que a Amma. Quando se trata de vida espiritual, ela torna tudo divertido e cheio de doçura. A vida inteira da Amma é vivida diante de todos, e qualquer um que queira interagir pessoalmente com a ela pode fazê-lo.

Existe alguma outra pessoa no planeta que dê mais de si mesma pelo bem do mundo? A Amma vive no mesmo quartinho do dia em que a conheci. É a área mais central e ruidosa do *ashram*, onde desemboca a chaminé da cozinha, onde não há vista pela janela. Mas a Amma não quer que quaisquer recursos sejam direcionados para seu conforto. Ela não pega nada para si mesma, exceto os problemas do mundo sobre seus ombros, enquanto dá paz e auxílio àqueles que vêm buscar sua bênção.

ABRAÇANDO O MUNDO

Enquanto eu estava ocupada reorganizando minhas ideias, a Amma também estava ocupada. O que começou com umas poucas pessoas, em seguida uma dúzia, depois a primeira centena – chegou a dezenas de milhares e agora a mais de 32 milhões de pessoas que já vivenciaram o abraço divino da Amma. Não há uma única pessoa que tenha conhecido a Amma e tenha passado algum tempo com ela que não tenha uma história especial para compartilhar. Nossa vida se divide em "antes de conhecer a Amma" e "depois de conhecer a Amma". Nossas vidas ficam impregnadas pela fragrância da paz, da alegria e da bondade por causa de nosso contato com os braços acolhedores da Amma. Tudo começa aí, quando repousamos nossa cabeça em seu ombro forte. Sem nos pedir nada, a Amma nos tem dado um tesouro mais precioso que o ouro – a oportunidade de servir desinteressadamente aos outros, como uma expressão de nosso amor por Deus em um mundo que necessita desesperadamente de amor. Esta Mestre perfeita e grande ativista humanitária tem inspirado milhões de pessoas a fazerem o bem em mais de 60 países de todo o mundo.

Em apenas 25 anos, a Amma estabeleceu uma vasta rede mundial de obras de caridade, todas visando atender às necessidades básicas dos seres humanos em qualquer lugar do mundo, sempre que possível. Construindo casas para os sem-teto; fornecendo bolsas de estudo para crianças em idade escolar; disponibilizando treinamento vocacional para mulheres em áreas rurais; realizando acampamentos médicos em algumas das áreas mais remotas da Índia; comparecendo imediatamente para aliviar o sofrimento das vítimas de desastres naturais; melhorando a qualidade de vida dos pobres no mundo ao providenciar água potável; protegendo o futuro com a criação de grupos de jovens baseados em valores e com iniciativas ambientais e uma ampla gama de projetos de pesquisa com orientação humanitária. Seus devotos chamaram esta rede de caridade de *Embracing the Word* [Abraçando o Mundo], em reconhecimento ao fato de que o ato desinteressado da Amma ao abraçar cada pessoa que vem a ela – por tantas horas de cada dia de sua vida – é o motor que energiza esse movimento humanitário de amplo alcance, plantando sementes de compaixão em todo o mundo.

Desde 1987, a Amma viajou por seis dos sete continentes do mundo e 26 países no mundo todo já sediaram programas da Amma, incluindo Austrália, Áustria, Bélgica, Brasil, Canadá, Chile, Finlândia, França, Alemanha, Irlanda, Itália, Japão, Quênia, Kuwait, Malásia, Maurício, os Países Baixos, Rússia, Cingapura, Espanha, Sri Lanka, Suécia, Suíça, Emirados Árabes, Reino Unido e os Estados Unidos da América. O território francês da Ilha de Reunião também vem sediando gentilmente os programas da Amma por mais de 25 anos.

Além disso, há 38 países para os quais a Amma enviou seus discípulos para realizar programas, mas que ela ainda não visitou; ou onde existem Centros da Amma, ou se fazem atividades, ou onde haja projetos de serviço em andamento em seu nome: Bulgária, República Tcheca, Dinamarca, Estônia, Grécia, Hungria, Luxemburgo, Noruega, Polônia, Portugal, Eslovênia e Turquia, na Europa; Argentina, Colômbia, Costa Rica, Haiti, México, Peru e Venezuela, na América do Sul e América Central; China, Hong Kong, Indonésia, Filipinas, Taiwan e Tailândia, na Ásia; Bahrain, Egito, Israel, Jordânia, Líbano, Omã e Qatar, no Oriente Médio;

Fiji, Guam, Papua Nova Guiné e Nova Zelândia, na Oceania; Botsuana e África do Sul, na África.

Nos anais da história, não há menção a alguém que tenha vivido como a Amma vive, literalmente abraçando o mundo. Sua compaixão ativa e sua ampla sabedoria jorram como uma torrente de graça pura. As gerações futuras lerão sobre a Amma e recordarão o significado do verdadeiro sacrifício e do serviço genuinamente desinteressado.

Quando paro e reflito sobre o quão expansivo se tornou o esforço humanitário e espiritual da Amma desde que deixei os Estados Unidos para vir em busca da Mãe Divina, há 29 anos, sinto-me humilde por ter podido desempenhar uma pequena parte no desenvolvimento de sua missão. Também me pergunto se não estamos mais próximos do início do que do final desta história.

Amritapuri
Setembro de 2012

Glossário

Arati — cerimônia na qual se faz círculos com cânfora ardente diante da deidade; simboliza a autoentrega a Deus ou ao guru; da mesma forma que a cânfora queima e desaparece sem deixar vestígio, assim também faz o ego.

Archana – refere-se à recitação em voz alta ou mentalmente dos 108 ou dos 1000 nomes de uma deidade em particular (ex.: Lalita Sahasranama).

Ashram – centro espiritual onde mora uma comunidade de aspirantes espirituais.

Avatar – uma encarnação divina de Deus em forma humana.

Bhajan – refere-se à prática do canto devocional ou a uma canção devocional.

Brahmacharin(i) – homem (ou mulher) renunciante, que vive uma vida de serviço a Deus, de celibato e de controle dos sentidos.

Brahman – Verdade Suprema além de quaisquer atributos; o substrato onisciente, onipotente e onipresente do universo.

Bhasmam – cinzas sagradas, também chamadas de *Vibhuti*.

Chakras – centros de energia no corpo.

Darshan – literalmente significa "visão, vista", mas, no contexto do presente livro, refere-se ao encontro com uma pessoa santa e o recebimento de sua bênção.

Darshan de Devi Bhava – refere-se aos momentos em que a Amma se senta no templo com um lindo vestido e a coroa da Mãe Divina, para abençoar os devotos que comparecem ao seu *darshan*; nesses momentos, a Amma revela sua unidade com o aspecto da Mãe Divina de um modo mais evidente.

Diksha – iniciação.

Hari Katha – a história do Senhor; refere-se a uma narrativa musical da vida de um santo, um sábio, ou um deus ou deusa.

Ishta Devata – literalmente, deidade amada; o modo pelo qual uma pessoa se refere ao objeto de sua meditação no aspecto de Deus com forma.

Japa – repetição de um mantra em séries de 108.

Kindi – pote de bronze cerimonial usado para conter a água durante o culto.

Kirtan – canto devocional.

Kumkum – pó vermelho que se coloca no terceiro olho, no centro da testa entre as sobrancelhas, especialmente favorecido pelo aspecto de Deus como Mãe Divina.

Mahatma – literalmente Grande Alma; refere-se a alguém que vive em estado de Unidade com o Ser Universal.

Manasa puja – executar mentalmente uma adoração ritual.

Mantra – fórmula sagrada, um conjunto de palavras ou sílabas recitadas em sânscrito para purificar o ambiente e a mente do praticante.

Mantra diksha – iniciação ao uso de um mantra; é considerada uma grande benção o recebimento do mantra *diksha* de uma Alma Realizada, a qual no momento da iniciação, transmite sua bênção e uma parte de sua consciência iluminada.

Mantra shakti – o poder investido em um mantra, especialmente o mantra concedido por uma Alma Realizada como a Amma.

Maya – Ilusão Universal, Poder de Brahman.

Murti – estátua de uma deidade.

Mridangam – tambor de duas faces.

Pada puja – cerimônia de lavagem dos pés de um guru como uma expressão de amor, de respeito, reconhecendo a Verdade Suprema que os pés do guru representam.

Pitham – assento oferecido para a deidade se sentar, geralmente se refere à cadeira na qual Amma se senta, especialmente durante o *darshan* de Devi Bhava.

Pranam – prostração ou demonstração de respeito diante da deidade ou do guru.

Prasad – oferenda ou presente abençoado recebido de uma pessoa santa ou de um templo, geralmente em forma de comida.

Prema – Amor Supremo, Amor Divino ou amor incondicional.

Rajas – o aspecto da atividade dentre as três qualidades: tamásica, rajásica e sáttvica.

Sadhana – práticas espirituais que purificam o praticante, tais como meditação, mantra *japa*, estudo das escrituras, *yoga*, *satsang*, serviço desinteressado etc.

Samadhi – literalmente, "cessação de todas as oscilações mentais", um estado transcendental no qual o ser individual se une ao Ser Supremo.

Sankalpa – resolução ou intenção divina; quando se refere à Amma, frequentemente significa que ela está dando sua benção para um resultado benéfico.

Sannyasa – votos formais de renúncia, depois dos quais a pessoa passa a usar as vestimentas de cor ocre, que representam o fogo que destrói todos os desejos.

Satsang – estar em comunhão com a Verdade Suprema. Também estar na companhia de um Mahatma, ouvir uma palestra ou uma discussão espiritual, participar de práticas espirituais em uma comunidade de buscadores espirituais.

Seva – serviço desinteressado, cujos resultados são dedicados a Deus.

Shraddha – consciência, fé.

Talam – o ritmo ou o compasso de uma canção.

Tamas – qualidade da escuridão, da inércia, da preguiça; uma dentre as três qualidades: tamásica, rajásica e sáttvica.

Templos Brahmasthanam – templos únicos consagrados pela Amma, com uma deidade de quatro lados orientados nas quatro direções para simbolizar a Unidade na diversidade. Um lado da deidade é Ganesha, o deus elefante que remove os obstáculos; outro lado é a Mãe Divina; outro é o Senhor Shiva, simbolizado pelo *Shiva Lingham*, uma representação sem forma de Shiva; e o quarto lado é Rahu, um planeta malévolo que pode ser apaziguado através de cultos específicos para eliminar sua influência maléfica na vida de uma pessoa.

Tirtham – água sagrada; também se refere a um corpo de água próximo a um local sagrado ou a um templo, tal como um lago ou uma piscina, para se banhar antes de entrar no templo.

Vasana – tendências latentes ou desejos sutis no interior da mente que se manifestam como ações e hábitos.

www.ingramcontent.com/pod-product-compliance
Lightning Source LLC
LaVergne TN
LVHW051545080426

835510LV00020B/2861